André Buchmüller

André Buchmüller
Schauinslandstr. 1
71134 Aidlingen

Singt von Jesus

Band 3

BORN-VERLAG, Kassel

Die in dieser Veröffentlichung enthaltenen Werke sind urheberrechtlich geschützt. Deshalb ist das Fotokopieren und/oder Nachdrucken der Originale sowie das Vervielfältigen von Abschriften (auch der Texte) grundsätzlich nicht erlaubt!

Herausgeber:
Deutscher Jugendverband „Entschieden für Christus" (EC) e.V.
BORN-VERLAG, 34071 Kassel

1. Auflage 1996

Umschlag: Dieter Betz, Weissach
Notensatz: Helmut Hoeft, Berlin
Layoutsatz: Jürgen Hoeft, Berlin
Druck: Clausen & Bosse, Leck

ISBN: 3-87092-175-7
All rights reserved

VORWORT

Komm
setz dich hin
und sing
lauter Lieder von Jesus
sie mischen sich in dein Leben ein
sie drängeln sich in deinen Alltag vor
sie erinnern dich daran, daß du aufatmen kannst.

kommt
setzt euch zusammen
und singt
lauter Lieder von Jesus
sie stimmen euer Leben auf Dank
sie laden euch zur Anbetung ein
sie erinnern euch daran, daß ihr vertrauen könnt.

kommt
singt
daheim und unterwegs
im Jugendkreis und Gottesdienst
auf Parkbänken und Parties
in Freizeiten und auf Marktplätzen
von Jesus.

Im Auftrag des Deutschen EC-Verbandes haben Klaus Göttler, Johannes Grosse, Jürgen Groth, Helmut Hoeft, Regina Köther, Christian Pohl, Stephan Thomas und Michael Wittig diese Lieder zum neuen **Singt von Jesus – Band 3** zusammengestellt.

Echt stark, wie ich finde.
Ich hoffe, ihr singt euch in diese Lieder hinein
und sie bringen euch echt was für euer Leben mit Jesus.

Volker Steinhoff
Bundespfarrer im Deutschen Jugendverband
„Entschieden für Christus" (EC) e.V.

Alphabetisches Inhaltsverzeichnis

A
Abba, Vater, deine Liebe 1
Abend ward, bald kommt die Nacht 2
Aber faßt neuen Mut 3
All die Fülle ist in dir, o Herr 4
All Morgen ist ganz frisch und neu 6
Allein deine Gnade 7
Am Anfang war das Wort 8
Am Ende kein Ausweg 9
As the deer 10

B
Bahnt einen Weg 11
Bald schon kann es sein 12
Barmherzigkeit 13
Be still, for the presence of the Lord 14
Befiehl dem Herrn deine Wege (K) 15
Beten 140
Bewahre uns Gott 16
Bittende Herzen 17
Bleib mit deiner Gnade bei uns 18
Blessed be the name of the Lord 19
Brunn alles Heils, dich ehren wir 20

C
Cast your burdens 21
Christ ist erstanden 22
Christus 23
Create in me a clean heart (Fallingham) ... 24
Create in me a clean heart (Green) 25
Creator of the stars 26

D
Dank sei dir 5
Das Grab ist leer 27
Daß dein Wort 28
Daß du mich einstimmen läßt 29
Dein Friede breitet sich 30
Dein Wort ist ein Licht 31
Der Gammler 183
Der Grund unserer Dankbarkeit 32
Der Herr behüte dich 33
Der Herr denkt an uns (K) 34
Der Herr ist unser Gott (Hochzeitslied) 35
Der Himmel erfüllt mein Herz 36
Der Menschensohn ist gekommen 37
Der Mond ist aufgegangen 38
Der schöne Ostertag 39
Der Tag ist um 40
Die auf den Herrn vertraun 41
Die Freude am Herrn ist eure Stärke 42
Die Freude breitet sich aus 43
Die ganze Welt hast du uns überlassen ... 44
Die Güte des Herrn 45
Die Güte des Herrn ist's 46

Die Herrlichkeit des Herrn bleibe (K) 47
Die Kirche steht gegründet 48
Diesen Tag, Herr 49
Dir gebührt die Ehre 50
Du bist der Herr 51
Du bist der Weg 52
Du bist erhoben 53
Du bist Gottes Liebe 54
Du bist gut, Herr 55
Du bist mein König 56
Du bist unser König 57
Du bist würdig 58
Du hast Erbarmen 59
Du kommst 60
Du vergibst mir all meine Schuld 61

E
Ein feste Burg ist unser Gott 62
Ein Morgen leuchtet hell ins Land 63
Eine Nacht wie jede andre 64
Einer soll heute dein Nächster sein 65
El-Shaddai 66
Endlose Kämpfe 67
Er hört dein Gebet 240
Er ist der Erlöser 68
Er ist erstanden, Halleluja 69
Er ist Herr 70
Er weckt mich alle Morgen 71
Es geht kein Mensch über diese weite Erde 72
Ewiger Gott 73
Ewiger Vater 74

F
Father, you are the source of our love 75
Feiert Jesus 76
Folgen 77
Freude bricht sich Bahn 78
Freue dich, Welt 79
Friede sei in diesem Hause 80
Friede, Friede, Friede sei mit dir 81
Fülle uns frühe mit deiner Gnade 82

G
Gedanken des Friedens 83
Gefunden 84
Gib mir die richtigen Worte 85
Glaube, Hoffnung, Liebe 86
Glauben heißt wissen, es tagt 87
Gott gab uns den Grund zum Singen (K) .. 88
Gott greift ein 89
Gott ist gegenwärtig 90
Gott ist gut 91
Gott ist immer noch Gott 92
Gott macht sich zu uns auf 93
Gott mag mich 94
Gott spannt leise feine Fäden 95
Gott wurde arm für uns 96
Gott, du allein 97
Gottes Liebe geht auf über dir 98
Groß ist der Herr 99

Groß ist unser Gott 100
Groß und wunderbar 101
Großes hat der Herr getan 102

H
Hab Dank 103
He is exalted 53
Hell strahlt die Sonne 104
Here we are gathered 105
Herr, bleibe bei uns 106
Herr, brich die Macht der Götzen 107
Herr, das Licht deiner Liebe 108
Herr, dein Name sei erhöht 181
Herr, deine Gnade 109
Herr, deine Liebe soll uns erfüllen 110
Herr, dieser Tag ist ein Geschenk 111
Herr, ich bringe dir die Welt 112
Herr, ich danke dir für diesen Tag 113
Herr, im Glanz deiner Majestät 114
Herr, nimm mich fest in deine Arme 115
Herr, wir bitten, komm und segne uns .. 116
Herr, wir glauben, daß du wiederkommst .. 117
Herr, wir sind Brüder 118
Herrsche du, höchster Herr 119
Hide me, Lord 120
Hilfe 121
Hoffnung 122
Höre, Israel 123
Hosanna 124

I
I want to love you, Lord 125
I want to serve the purpose of God 126
I will praise You, oh Lord 127
I will sing to the Lord forever 128
Ich bin der Herr 129
Ich liege, Herr, in deiner Hut 130
Ich trau auf dich, o Herr 131
Ich weiß, woran ich glaube 132
Ich will dich erheben 133
Ich will dich loben 134
Ich will dir danken, Herr 135
Ich will einziehn in sein Tor 136
Ich will loben den Herrn allezeit (K) 137
Ich will singen dem Herrn 138
Immer mehr von dir 139
In der Stille angekommen 140
In dir ist Freude 141
In dir ist mein Leben 142
In heavenly armour 143
In my father's hand 144
Ins Tal 145
Ist Gott für mich, so trete 146
I've got peace 147

J
Ja, heute feiern wir 148
Jahr um Jahr gewartet 149
Jerusalem, du hochgebaute Stadt 150
Jesus ist kommen 151

Jesus lebt 152
Jesus put this song 153
Jesus, die Sonne, das strahlende Licht .. 154
Jesus, dir gehört mein Leben 155
Jesus, du allein bist genug 163
Jesus, du bist Herr 156
Jesus, du bist König 157
Jesus, du bist so gut zu mir 158
Jesus, in Deinem Namen ist die Kraft .. 159
Jesus, Name aller Namen 160
Jesus, we celebrate Your victory 161
Jesus, wir feiern deinen Sieg am Kreuz .. 161
Jesus, wir sehen auf dich 162
Jesus, you're ev'rything to me 163
Jesus, zu dir kann ich so kommen 164

K
Klatscht in die Hände 165
Komm in unsre Mitte 166
Komm, heile uns 67
Komm, Heilger Geist 167
Komm, wir brechen auf 168
Kommt an den Tisch 169
Kommt doch zum Fest der Freude 170
Kommt und hört 171
Kommt, atmet auf 172

L
Laß mich am Morgen hören deine Gnade . 173
Laßt uns nicht länger schweigen 256
Laudate omnes gentes 174
Levi 175
Licht bricht durch 176
Lob Gott getrost mit Singen 177
Lob, Anbetung, Ruhm und Ehre 178
Lobpreiset unsern Gott 179
Lobt Gott, ihr Christen alle gleich 180
Lord, I lift Your name 181
Love the Lord, your God 182

M
Man sagt, er war ein Gammler 183
Mehr Liebe, mehr Vollmacht 184
Meine Hoffnung und meine Freude 185
Meine Seele ist stille in dir 186
Meine Zeit steht in deinen Händen 187
Mensch, es ist dir gesagt 188
More love, more power 184

N
Nach des Tages Last 189
Nach dir, o Herr 190
Neu wie am Anfang 191
Nicht, daß wir schon alles wissen 192
Nimm ein das gute Land 193
Nun danket alle Gott 194
Nun gehören unsre Herzen 195
Nun ruht die Arbeit 196

O
O komm, du Geist der Wahrheit 197

P
Preist Gott, der uns den Segen gibt 198

R
Reconciled 199
Reich 200
Reign in me 119
Rejoice 201

S
Sandyland 202
Schalom 203
Schuldlos schuldig 204
Segne uns, o Herr 205
Seht, wie gut er zu uns ist 206
Sei erhoben 135
Sei mein Herr 119
Sei stark, sei fest 207
Seid nicht bekümmert 208
Sende deinen Geist 209
Shine, Jesus, shine 108
Siehe, ich habe dir geboten (K) 210
Singt das Lied der Freude (K) 211
Singt dem Herrn mit Freude 212
So sind deine Worte 213
So werdet ihr leben 214
Soon and very soon 12
Steht auf und lobt unsern Gott 215
Such, wer da will 216
Suchet zuerst Gottes Reich 217

T
The Church's one foundation 48
There is a Redeemerer 68
Thy Word 31
Tochter Zion (K) 218
Trag das Licht in die Welt 219

U
Um Frieden haben wir schon oft gebetet .. 220
Unser Vater 221

V
Vater des Lichts 222
Vater im Himmel 223
Vater unser im Himmel (K) 224
Vater, deine Liebe 225
Vater, ich folge dir 226
Vater, ich komme jetzt zu dir 227
Vater, ich lieb dich 228
Vergiß es nie 229
Voll und ganz 230
Von der Liebe meines Herrn 231
Von guten Mächten 232

W
We believe 233
We bring our praise 234
We must believe 235
Weil bei Jesus unser Glaube 236
Weil Gott dein Vater ist 237
Weil Gott gut zu uns ist 242
Weitersagen, weitertragen 238
We'll sing a new song 239
Wenn die Last der Welt 240
Wenn einer dem anderen dient 241
Wenn Gottes Stadt in Trümmern liegt . 242
Wenn ich deine Heiligkeit bestaune .. 243
Wer bist du 244
Wer das Wasser in der Wüste kennt ... 245
Wer Gott folgt, riskiert seine Träume 246
Wer Jesus folgt 247
When we get together 252
Wie ein Weizenfeld 248
Wir preisen dich, Herr 249
Wir sind hier zusammen 250
Wir sind hier zusammen in Jesu Namen (K) 251
Wir sind nicht alleine 252
Wir wollen fröhlich singen 253
Wißt ihr noch, wie es geschehen 254
Wo ist solch ein Gott 255
Wo jeder Recht hat 256
Wo zwei oder drei 257
Wohl dem, der nicht wandelt 258
Worauf hörst du 259
Worauf's ankommt 260
Würdig das Lamm 261

XYZ
You're my rock 262
Zeig uns, wie du wirklich bist 263
Zeigt einander, wer ihr seid 264
Zünde an dein Feuer 265

Thematisches Inhaltsverzeichnis

Gott, Vater
Abba, Vater, deine Liebe 1
All die Fülle ist in dir, o Herr 4
Am Anfang war das Wort 8
As the deer 10
Bahnt einen Weg 11
Beten 140
Bewahre uns Gott 16
Blessed be the name of the Lord 19
Brunn alles Heils, dich ehren wir 20
Dank sei dir 5
Der Grund unserer Dankbarkeit 32
Der Herr ist unser Gott (Hochzeitslied) 35
Der Himmel erfüllt mein Herz 36
Die auf den Herrn vertraun 41
Die Freude am Herrn ist eure Stärke 42
Du bist Gottes Liebe 54
El-Shaddai 66
Ewiger Gott 73
Ewiger Vater 74
Father, you are the source of our love 75
Gott gab uns den Grund zum Singen (K) ... 88
Gott ist gegenwärtig 90
Gott ist gut 91
Gott ist immer noch Gott 92
Gott macht sich zu uns auf 93
Gott mag mich 94
Gott spannt leise feine Fäden 95
Gott wurde arm für uns 96
Gott, du allein 97
Gottes Liebe geht auf über dir 98
Groß ist unser Gott 100
Groß und wunderbar 101
Großes hat der Herr getan 102
Here we are gathered 105
Herr, das Licht deiner Liebe 108
Herr, nimm mich fest in deine Arme 115
Herr, wir bitten, komm und segne uns 116
Höre, Israel 123
I want to serve the purpose of God 126
I will praise You, oh Lord 127
Ich bin der Herr 129
Ich trau auf dich, o Herr 131
Ich will dir danken, Herr 135
Ich will einziehn in sein Tor 136
Ich will singen dem Herrn 138
Immer mehr von dir 139
In der Stille angekommen 140
In dir ist mein Leben 142
In heavenly armour 143
In my father's hand 144
Ist Gott für mich, so trete 146
Klatscht in die Hände 165
Komm in unsre Mitte 166
Kommt doch zum Fest der Freude 170
Kommt, atmet auf 172
Lob Gott getrost mit Singen 177
Lobpreiset unsern Gott 179
Lobt Gott, ihr Christen alle gleich 180
Meine Zeit steht in deinen Händen 187
Neu wie am Anfang 191
Nun danket alle Gott 194
Preist Gott, der uns den Segen gibt 198
Reconciled 199
Sei erhoben 135
Shine, Jesus, shine 108
Singt das Lied der Freude (K) 211
Singt dem Herrn mit Freude 212
Steht auf und lobt unsern Gott 215
Unser Vater 221
Vater des Lichts 222
Vater im Himmel 223
Vater unser im Himmel (K) 224
Vater, deine Liebe 225
Vater, ich folge dir 226
Vater, ich komme jetzt zu dir 227
Vater, ich lieb dich 228
Weil Gott dein Vater ist 237
Wer bist du 244
Wer Gott folgt, riskiert seine Träume 246
Wir wollen fröhlich singen 253
Wo ist solch ein Gott 255
Zünde an dein Feuer 265

Jesus Christus
Aber faßt neuen Mut 3
Am Anfang war das Wort 8
As the deer 10
Blessed be the name of the Lord 19
Brunn alles Heils, dich ehren wir 20
Cast your burdens 21
Christ ist erstanden 22
Christus 23
Das Grab ist leer 27
Der Gammler 183
Der Grund unserer Dankbarkeit 32
Der Himmel erfüllt mein Herz 36
Der Menschensohn ist gekommen 37
Der schöne Ostertag 39
Du bist der Herr 51
Du bist der Weg 52
Du bist mein König 56
Du bist unser König 57
Du bist würdig 58
Du vergibst mir all meine Schuld 61
El-Shaddai 66
Er ist der Erlöser 68
Er ist erstanden, Halleluja 69
Er ist Herr 70
Feiert Jesus 76
Gott greift ein 89

Groß ist der Herr	99
Herr, ich bringe dir die Welt	112
Herr, wir glauben, daß du wiederkommst	117
Herr, wir sind Brüder	118
Herrsche du, höchster Herr	119
Hilfe	121
Ich will dich erheben	133
In dir ist Freude	141
Jesus ist kommen	151
Jesus lebt	152
Jesus put this song	153
Jesus, die Sonne, das strahlende Licht	154
Jesus, dir gehört mein Leben	155
Jesus, du allein bist genug	163
Jesus, du bist Herr	156
Jesus, du bist König	157
Jesus, du bist so gut zu mir	158
Jesus, in Deinem Namen ist die Kraft	159
Jesus, Name aller Namen	160
Jesus, we celebrate Your victory	161
Jesus, wir feiern deinen Sieg am Kreuz	161
Jesus, wir sehen auf dich	162
Jesus, you're ev'rything to me	163
Jesus, zu dir kann ich so kommen	164
Kommt, atmet auf	172
Licht bricht durch	176
Lob, Anbetung, Ruhm und Ehre	178
Man sagt, er war ein Gammler	183
Nach dir, o Herr	190
Nun gehören unsre Herzen	195
Reign in me	119
Rejoice	201
Sandyland	202
Schuldlos schuldig	204
Sei mein Herr	119
Sei stark, sei fest	207
Seid nicht bekümmert	208
Shine, Jesus, shine	108
There is a Redeemerer	68
Tochter Zion (K)	218
Voll und ganz	230
Von der Liebe meines Herrn	231
We must believe	235
Weil bei Jesus unser Glaube	236
Weitersagen, weitertragen	238
Wer bist du	244
Wer Jesus folgt	247
Wir sind hier zusammen	250
Wir sind hier zusammen in Jesu Namen (K)	251
Wißt ihr noch, wie es geschehen	254
Wo zwei oder drei	257
Würdig das Lamm	261
Zeig uns, wie du wirklich bist	263

Heiliger Geist

Bewahre uns Gott	16
Brunn alles Heils, dich ehren wir	20
Create in me a clean heart (Fallingham)	24
Create in me a clean heart (Green)	25

Daß dein Wort	28
Daß du mich einstimmen läßt	29
Der Grund unserer Dankbarkeit	32
Glauben heißt wissen, es tagt	87
Gott ist gegenwärtig	90
Here we are gathered	105
Jesus, du bist König	157
Jesus, we celebrate Your victory	161
Komm in unsre Mitte	166
Komm, Heilger Geist	167
Nun danket alle Gott	194
O komm, du Geist der Wahrheit	197
Sende deinen Geist	209
Shine, Jesus, shine	108
Vater, ich folge dir	226
Wir sind hier zusammen in Jesu Namen (K)	251
Zünde an dein Feuer	265

Gottesdienst:
Beginn

Bahnt einen Weg	11
Be still, for the presence of the Lord	14
Beten	140
Gott ist gegenwärtig	90
In der Stille angekommen	140
Komm in unsre Mitte	166
O komm, du Geist der Wahrheit	197
Wir sind hier zusammen	250

Anbetung, Lobpreis und Dank

All die Fülle ist in dir, o Herr	4
Bahnt einen Weg	11
Bald schon kann es sein	12
Be still, for the presence of the Lord	14
Blessed be the name of the Lord	19
Christus	23
Dank sei dir	5
Daß du mich einstimmen läßt	29
Der Grund unserer Dankbarkeit	32
Die Herrlichkeit des Herrn bleibe (K)	47
Dir gebührt die Ehre	50
Du bist erhoben	53
Du bist gut, Herr	55
Gott ist gegenwärtig	90
Gott ist gut	91
Gott ist immer noch Gott	92
Groß ist der Herr	99
Groß und wunderbar	101
Hab Dank	103
He is exalted	53
Hell strahlt die Sonne	104
Herr, im Glanz deiner Majestät	114
Hosanna	124
I will praise You, oh Lord	127
I will sing to the Lord forever	128
Ich trau auf dich, o Herr	131
Ich will dich erheben	133
Ich will dich loben	134
Ich will loben den Herrn allezeit (K)	137

Ich will singen dem Herrn 138
In dir ist Freude 141
In dir ist mein Leben 142
In heavenly armour 143
In my father's hand 144
Ja, heute feiern wir 148
Jesus, dir gehört mein Leben 155
Jesus, du bist König 157
Jesus, du bist so gut zu mir 158
Jesus, Name aller Namen 160
Jesus, we celebrate Your victory 161
Jesus, wir feiern deinen Sieg am Kreuz ... 161
Jesus, wir sehen auf dich 162
Klatscht in die Hände 165
Lob Gott getrost mit Singen 177
Lob, Anbetung, Ruhm und Ehre 178
Mehr Liebe, mehr Vollmacht 184
Meine Hoffnung und meine Freude 185
More love, more power 184
Neu wie am Anfang 191
Preist Gott, der uns den Segen gibt 198
Singt dem Herrn mit Freude 212
Steht auf und lobt unsern Gott 215
There is a Redeemerer 68
Unser Vater 221
Vater im Himmel 223
Vater unser im Himmel (K) 224
Von der Liebe meines Herrn 231
We believe 233
We bring our praise 234
We must believe 235
We'll sing a new song 239
Wir preisen dich, Herr 249
Wir sind hier zusammen in Jesu Namen (K) 251
Wir wollen fröhlich singen 253
Wo ist solch ein Gott 255
Würdig das Lamm 261

Beichte
Beten 140
Create in me a clean heart (Fallingham) ... 24
Create in me a clean heart (Green) 25
Du vergibst mir all meine Schuld 61
Ich bin der Herr 129
In der Stille angekommen 140
Jesus, zu dir kann ich so kommen 164

Wort Gottes
Am Anfang war das Wort 8
Daß dein Wort 28
Daß du mich einstimmen läßt 29
Dein Wort ist ein Licht 31
Jesus, wir sehen auf dich 162
Mensch, es ist dir gesagt 188
Siehe, ich habe dir geboten (K) 210
So sind deine Worte 213
So werdet ihr leben 214
Thy Word 31
Wer Gott folgt, riskiert seine Träume 246

Wohl dem, der nicht wandelt 258
Worauf hörst du 259
Worauf's ankommt 260
Zeig uns, wie du wirklich bist 263

Bekenntnis
Der Herr ist unser Gott (Hochzeitslied) 35
Höre, Israel 123
Jesus, dir gehört mein Leben 155
Nun gehören unsre Herzen 195

Abendmahl
Daß du mich einstimmen läßt 29
Kommt an den Tisch 169
Kommt doch zum Fest der Freude 170

Gemeinschaft
Der Tag ist um 40
Here we are gathered 105
Herr, wir sind Brüder 118
Sende deinen Geist 209
The Church's one foundation 48
Von guten Mächten 232
We believe 233
When we get together 252
Wir sind nicht alleine 252
Wo zwei oder drei 257
Zeigt einander, wer ihr seid 264

Bitte und Fürbitte
Beten 140
Bittende Herzen 17
Er hört dein Gebet 240
Friede sei in diesem Hause 80
Here we are gathered 105
Herr, ich bringe dir die Welt 112
Herr, wir bitten, komm und segne uns 116
In der Stille angekommen 140
Laß mich am Morgen hören deine Gnade . 173
Nun ruht die Arbeit 196
Um Frieden haben wir schon oft gebetet .. 220
Vater unser im Himmel (K) 224
Wenn die Last der Welt 240

Sendung
Einer soll heute dein Nächster sein 65
Friede, Friede, Friede sei mit dir 81
Gedanken des Friedens 83
Glauben heißt wissen, es tagt 87
Gott spannt leise feine Fäden 95
Herr, wir bitten, komm und segne uns 116
Nimm ein das gute Land 193

Segen
Bewahre uns Gott 16
Der Herr behüte dich 33
Friede sei in diesem Hause 80
Friede, Friede, Friede sei mit dir 81
Herr, wir bitten, komm und segne uns 116
Nun danket alle Gott 194
Segne uns, o Herr 205

Kirchenjahr:
Advent
Du kommst 60
Freue dich, Welt 79
Gott macht sich zu uns auf 93
Herr, wir glauben, daß du wiederkommst .. 117
Jahr um Jahr gewartet 149
Jesus, wir sehen auf dich 162
Licht bricht durch 176
Tochter Zion (K) 218
Zünde an dein Feuer 265

Weihnachten
Eine Nacht wie jede andre 64
Gott wurde arm für uns 96
Jesus ist kommen 151
Lobt Gott, ihr Christen alle gleich 180
Trag das Licht in die Welt 219
Wißt ihr noch, wie es geschehen 254

Jahreswende
Von guten Mächten 232

Leiden Jesu, Kreuz
Aber faßt neuen Mut 3
Der Gammler 183
Er ist der Erlöser 68
Herr, das Licht deiner Liebe 108
Herr, wir sind Brüder 118
Man sagt, er war ein Gammler 183
Nun gehören unsre Herzen 195
Schuldlos schuldig 204
There is a Redeemerer 68
Wer das Wasser in der Wüste kennt 245
Würdig das Lamm 261

Ostern, Auferstehung
Aber faßt neuen Mut 3
Christ ist erstanden 22
Das Grab ist leer 27
Der schöne Ostertag 39
El-Shaddai 66
Er ist erstanden, Halleluja 69
Glauben heißt wissen, es tagt 87
Herr, wir sind Brüder 118
In my father's hand 144
Jesus ist kommen 151
Jesus lebt 152
Trag das Licht in die Welt 219

Pfingsten
O komm, du Geist der Wahrheit 197
Trag das Licht in die Welt 219

Ewigkeit, Wiederkunft
Der Himmel erfüllt mein Herz 36
Der Tag ist um 40
Er ist der Erlöser 68
Freue dich, Welt 79
Großes hat der Herr getan 102
Here we are gathered 105

I want to love you, Lord 125
Jerusalem, du hochgebaute Stadt 150
Jesus, wir sehen auf dich 162
Kommt doch zum Fest der Freude 170
Nun gehören unsre Herzen 195
Seht, wie gut er zu uns ist 206
Wer Gott folgt, riskiert seine Träume 246
Zünde an dein Feuer 265

Der Tag
Morgen
All Morgen ist ganz frisch und neu 6
Ein Morgen leuchtet hell ins Land 63
Er weckt mich alle Morgen 71
Fülle uns frühe mit deiner Gnade 82
Gedanken des Friedens 83
Hell strahlt die Sonne 104
Herr, dieser Tag ist ein Geschenk 111
Neu wie am Anfang 191
Worauf's ankommt 260

Abend
Abend ward, bald kommt die Nacht 2
Daß du mich einstimmen läßt 29
Dein Friede breitet sich 30
Der Mond ist aufgegangen 38
Der Tag ist um 40
Gedanken des Friedens 83
Herr, bleibe bei uns 106
Herr, ich danke dir für diesen Tag 113
Ich liege, Herr, in deiner Hut 130
Kommt an den Tisch 169
Kommt doch zum Fest der Freude 170
Nach des Tages Last 189

Ruhe und Stille
Beten 140
Dein Friede breitet sich 30
In der Stille angekommen 140
Worauf's ankommt 260

Glaubenserfahrungen, Glaubensleben
Dienen
Barmherzigkeit 13
Folgen 77
Gib mir die richtigen Worte 85
Glauben heißt wissen, es tagt 87
Laß mich am Morgen hören deine Gnade . 173
Nicht, daß wir schon alles wissen 192
Nun gehören unsre Herzen 195
Singt dem Herrn mit Freude 212
Suchet zuerst Gottes Reich 217
Wenn einer dem anderen dient 241

Evangelisation
Es geht kein Mensch über diese weite Erde   72
Hilfe 121
Jahr um Jahr gewartet 149
Komm, wir brechen auf 168
Kommt, atmet auf 172

Laßt uns nicht länger schweigen 256
Nicht, daß wir schon alles wissen 192
Reich 200
Weil Gott gut zu uns ist 242
Wenn Gottes Stadt in Trümmern liegt 242
Wer bist du 244
Wer Jesus folgt 247
Wo jeder Recht hat 256

Freiheit
Großes hat der Herr getan 102
Ich bin der Herr 129
Jesus ist kommen 151
Jesus, die Sonne, das strahlende Licht ... 154
Jesus, we celebrate Your victory 161
Komm, wir brechen auf 168
Meine Zeit steht in deinen Händen 187
Mensch, es ist dir gesagt 188
Wer das Wasser in der Wüste kennt 245

Freude
As the deer 10
Der Grund unserer Dankbarkeit 32
Der Himmel erfüllt mein Herz 36
Die Freude am Herrn ist eure Stärke 42
Die Freude breitet sich aus 43
Father, you are the source of our love 75
Freude bricht sich Bahn 78
Freue dich, Welt 79
Herr, wir bitten, komm und segne uns 116
Ich will einziehn in sein Tor 136
In dir ist Freude 141
In my father's hand 144
I've got peace 147
Jesus ist kommen 151
Jesus, die Sonne, das strahlende Licht ... 154
Kommt doch zum Fest der Freude 170
Nun danket alle Gott 194
Nun ruht die Arbeit 196
Seht, wie gut er zu uns ist 206
Seid nicht bekümmert 208
Singt das Lied der Freude (K) 211
Singt dem Herrn mit Freude 212
Tochter Zion (K) 218
When we get together 252
Wir sind nicht alleine 252
Zünde an dein Feuer 265

Frieden
Dein Friede breitet sich 30
Einer soll heute dein Nächster sein 65
Father, you are the source of our love 75
Friede sei in diesem Hause 80
Friede, Friede, Friede sei mit dir 81
Gedanken des Friedens 83
Herr, wir bitten, komm und segne uns 116
In my father's hand 144
I've got peace 147
Jesus, dir gehört mein Leben 155
Nimm ein das gute Land 193

Nun danket alle Gott 194
Schalom 203
Um Frieden haben wir schon oft gebetet .. 220
Von der Liebe meines Herrn 231

Gebet
Am Ende kein Ausweg 9
Befiehl dem Herrn deine Wege (K) 15
Beten 140
Der Herr behüte dich 33
Der Herr denkt an uns (K) 34
Er hört dein Gebet 240
Herr, ich bringe dir die Welt 112
In der Stille angekommen 140
Um Frieden haben wir schon oft gebetet .. 220
Vater unser im Himmel (K) 224
Wenn die Last der Welt 240
Zünde an dein Feuer 265

Geborgenheit und Nähe Gottes
Abba, Vater, deine Liebe 1
Abend ward, bald kommt die Nacht 2
Aber faßt neuen Mut 3
As the deer 10
Bewahre uns Gott 16
Blessed be the name of the Lord 19
Der Grund unserer Dankbarkeit 32
Der Herr denkt an uns (K) 34
Er hört dein Gebet 240
Gott ist gut 91
Hell strahlt die Sonne 104
Ich trau auf dich, o Herr 131
In my father's hand 144
Jesus, die Sonne, das strahlende Licht ... 154
Jesus, dir gehört mein Leben 155
Jesus, zu dir kann ich so kommen 164
Komm in unsre Mitte 166
Meine Zeit steht in deinen Händen 187
O komm, du Geist der Wahrheit 197
Seht, wie gut er zu uns ist 206
Shine, Jesus, shine 108
Singt dem Herrn mit Freude 212
Vater, deine Liebe 225
Von guten Mächten 232
Weil Gott dein Vater ist 237
Wenn die Last der Welt 240
Wenn einer dem anderen dient 241
Wenn ich deine Heiligkeit bestaune 243
When we get together 252
Wir sind nicht alleine 252
Worauf's ankommt 260
Zünde an dein Feuer 265

Gnade, Rechtfertigung und Annahme
Allein deine Gnade 7
Bleib mit deiner Gnade bei uns 18
Dein Friede breitet sich 30
Die Freude am Herrn ist eure Stärke 42
Diesen Tag, Herr 49
Herr, das Licht deiner Liebe 108

11

Kommt an den Tisch	169
Nun gehören unsre Herzen	195
Nun ruht die Arbeit	196
Weil Gott gut zu uns ist	242
Wenn Gottes Stadt in Trümmern liegt	242
Wie ein Weizenfeld	248
Wo ist solch ein Gott	255

Herrschaft Gottes

Der Tag ist um	40
Die auf den Herrn vertraun	41
Die Kirche steht gegründet	48
Du kommst	60
Du vergibst mir all meine Schuld	61
Ein feste Burg ist unser Gott	62
Gott greift ein	89
Gott ist gegenwärtig	90
Hosanna	124
In heavenly armour	143
Jesus, du bist König	157
Jesus, we celebrate Your victory	161
Klatscht in die Hände	165
Lob Gott getrost mit Singen	177
Nicht, daß wir schon alles wissen	192
Nun gehören unsre Herzen	195
Sei mein Herr	119
So sind deine Worte	213
Steht auf und lobt unsern Gott	215
Unser Vater	221
Vater im Himmel	223
Vater unser im Himmel (K)	224
Wer Gott folgt, riskiert seine Träume	246
Würdig das Lamm	261

Hingabe, Liebe zu Gott, Vertrauen und Glaube

Abba, Vater, deine Liebe	1
Befiehl dem Herrn deine Wege (K)	15
Daß du mich einstimmen läßt	29
Die auf den Herrn vertraun	41
Father, you are the source of our love	75
Gib mir die richtigen Worte	85
Glaube, Hoffnung, Liebe	86
Gott ist gegenwärtig	90
Gott ist immer noch Gott	92
Hell strahlt die Sonne	104
Herr, nimm mich fest in deine Arme	115
Höre, Israel	123
Ich weiß, woran ich glaube	132
Ich will dich erheben	133
Ich will singen dem Herrn	138
Immer mehr von dir	139
In dir ist Freude	141
In my father's hand	144
Jesus ist kommen	151
Jesus, dir gehört mein Leben	155
Jesus, du allein bist genug	163
Jesus, wir sehen auf dich	162
Jesus, you're ev'rything to me	163

Jesus, zu dir kann ich so kommen	164
Kommt, atmet auf	172
Levi	175
Love the Lord, your God	182
Meine Seele ist stille in dir	186
Nun gehören unsre Herzen	195
Sei mein Herr	119
Sei stark, sei fest	207
Suchet zuerst Gottes Reich	217
Unser Vater	221
Vater im Himmel	223
Vater, ich komme jetzt zu dir	227
Vater, ich lieb dich	228
Voll und ganz	230
Von der Liebe meines Herrn	231
Von guten Mächten	232
Weitersagen, weitertragen	238
Wenn einer dem anderen dient	241
When we get together	252
Wie ein Weizenfeld	248
Wir sind nicht alleine	252
Worauf hörst du	259
You're my rock	262
Zünde an dein Feuer	265

Hoffnung

Befiehl dem Herrn deine Wege (K)	15
Der Himmel erfüllt mein Herz	36
Der schöne Ostertag	39
Die Freude breitet sich aus	43
Gedanken des Friedens	83
Glaube, Hoffnung, Liebe	86
Herr, ich bringe dir die Welt	112
Hoffnung	122
In dir ist Freude	141
Laßt uns nicht länger schweigen	256
Nach des Tages Last	189
Nach dir, o Herr	190
Nun danket alle Gott	194
O komm, du Geist der Wahrheit	197
Weil bei Jesus unser Glaube	236
Weil Gott dein Vater ist	237
Wo jeder Recht hat	256

Kampf und Anfechtung

Aber faßt neuen Mut	3
Bewahre uns Gott	16
Cast your burdens	21
Der schöne Ostertag	39
Herr, brich die Macht der Götzen	107
In heavenly armour	143
Jesus, zu dir kann ich so kommen	164
Klatscht in die Hände	165
Nach dir, o Herr	190
Nun gehören unsre Herzen	195
Zünde an dein Feuer	265

Klage

As the deer	10
Die Freude breitet sich aus	43

In my father's hand 144
Leid, Not, Verzweiflung, Angst und Sorgen
Aber faßt neuen Mut 3
Am Ende kein Ausweg 9
Beten 140
Bewahre uns Gott 16
Cast your burdens 21
Dein Friede breitet sich 30
Der Gammler 183
Der Herr ist unser Gott (Hochzeitslied) 35
Der schöne Ostertag 39
Einer soll heute dein Nächster sein 65
Er hört dein Gebet 240
Er ist der Erlöser 68
Herr, das Licht deiner Liebe 108
Herr, wir bitten, komm und segne uns 116
Herr, wir sind Brüder 118
In der Stille angekommen 140
In dir ist Freude 141
Ins Tal 145
Jerusalem, du hochgebaute Stadt 150
Jesus, die Sonne, das strahlende Licht ... 154
Man sagt, er war ein Gammler 183
Nun gehören unsre Herzen 195
Nun ruht die Arbeit 196
Schuldlos schuldig 204
There is a Redeemerer 68
Suchet zuerst Gottes Reich 217
Von guten Mächten 232
Wenn die Last der Welt 240
Wer das Wasser in der Wüste kennt 245
Wer Gott folgt, riskiert seine Träume 246
Würdig das Lamm 261

Liebe Gottes
Abba, Vater, deine Liebe 1
Am Anfang war das Wort 8
Die Güte des Herrn 45
Die Güte des Herrn ist's 46
Du bist Gottes Liebe 54
Es geht kein Mensch über diese weite Erde 72
Father, you are the source of our love 75
Gott gab uns den Grund zum Singen (K) ... 88
Gott ist gut 91
Gott macht sich zu uns auf 93
Gott wurde arm für uns 96
Herr, das Licht deiner Liebe 108
Herr, deine Liebe soll uns erfüllen 110
Herr, dieser Tag ist ein Geschenk 111
Herr, ich bringe dir die Welt 112
Herr, wir bitten, komm und segne uns 116
Ich trau auf dich, o Herr 131
Immer mehr von dir 139
I've got peace 147
Ja, heute feiern wir 148
Jesus, du allein bist genug 163
Jesus, du bist so gut zu mir 158
Jesus, wir sehen auf dich 162

Komm in unsre Mitte 166
Komm, Heilger Geist 167
Kommt und hört 171
Kommt, atmet auf 172
Singt dem Herrn mit Freude 212
Unser Vater 221
Vater des Lichts 222
Vater, deine Liebe 225
Vergiß es nie 229
Von der Liebe meines Herrn 231
Weil Gott dein Vater ist 237
Wenn ich deine Heiligkeit bestaune 243
Wer bist du 244
Worauf's ankommt 260

Mission
Trag das Licht in die Welt 219
Weitersagen, weitertragen 238
Wer das Wasser in der Wüste kennt 245
Worauf hörst du 259

Nächstenliebe
Barmherzigkeit 13
Einer soll heute dein Nächster sein 65
Gib mir die richtigen Worte 85
Glaube, Hoffnung, Liebe 86
Gott spannt leise feine Fäden 95
Hilfe 121
Höre, Israel 123
Komm, Heilger Geist 167
Laß mich am Morgen hören deine Gnade . 173
Zeigt einander, wer ihr seid 264

Orientierung, Gottes Gebot
Dein Wort ist ein Licht 31
Ich bin der Herr 129
Jesus, zu dir kann ich so kommen 164
Laßt uns nicht länger schweigen 256
Licht bricht durch 176
Mensch, es ist dir gesagt 188
Nach dir, o Herr 190
Nicht, daß wir schon alles wissen 192
Siehe, ich habe dir geboten (K) 210
Thy Word 31
Suchet zuerst Gottes Reich 217
Wenn einer dem anderen dient 241
Wer das Wasser in der Wüste kennt 245
Wer Gott folgt, riskiert seine Träume 246
Wo jeder Recht hat 256
Wohl dem, der nicht wandelt 258
Worauf's ankommt 260

Schöpfung
Die ganze Welt hast du uns überlassen ... 44
Neu wie am Anfang 191
Nun ruht die Arbeit 196
Singt das Lied der Freude (K) 211

Schuld und Vergebung
Die Freude am Herrn ist eure Stärke 42
Diesen Tag, Herr 49

13

Du vergibst mir all meine Schuld	61
Er ist der Erlöser	68
Herr, deine Liebe soll uns erfüllen	110
Herr, wir bitten, komm und segne uns	116
Ich bin der Herr	129
Jesus ist kommen	151
Levi	175
Nach dir, o Herr	190
Nun ruht die Arbeit	196
Shine, Jesus, shine	108
There is a Redeemerer	68
Unser Vater	221
Vater unser im Himmel (K)	224
Wo ist solch ein Gott	255
Zünde an dein Feuer	265

Sinn
Die ganze Welt hast du uns überlassen	44
Es geht kein Mensch über diese weite Erde	72
Gefunden	84
Gott wurde arm für uns	96
Jesus, dir gehört mein Leben	155
Komm, wir brechen auf	168
Kommt doch zum Fest der Freude	170
Kommt, atmet auf	172
Laßt uns nicht länger schweigen	256
Licht bricht durch	176
Meine Zeit steht in deinen Händen	187
Reich	200
So werdet ihr leben	214
Such, wer da will	216
Vergiß es nie	229
We bring our praise	234
Wenn ich deine Heiligkeit bestaune	243
Wer Jesus folgt	247
Wo jeder Recht hat	256

Trost, Kraft, Mut und Zuspruch
Aber faßt neuen Mut	3
Der Grund unserer Dankbarkeit	32
Der Herr ist unser Gott (Hochzeitslied)	35
Die auf den Herrn vertraun	41
Die Freude am Herrn ist eure Stärke	42
Du hast Erbarmen	59
Eine Nacht wie jede andre	64
Er hört dein Gebet	240
Gib mir die richtigen Worte	85
Hab Dank	103
Hell strahlt die Sonne	104
Herr, deine Gnade	109
Hoffnung	122
In dir ist Freude	141
In heavenly armour	143
Ins Tal	145
Ist Gott für mich, so trete	146
I've got peace	147
Jesus ist kommen	151
Jesus, dir gehört mein Leben	155
Jesus, zu dir kann ich so kommen	164
Komm, Heilger Geist	167
Meine Seele ist stille in dir	186
Meine Zeit steht in deinen Händen	187
Suchet zuerst Gottes Reich	217
Vergiß es nie	229
Von der Liebe meines Herrn	231
Wenn die Last der Welt	240
Wohl dem, der nicht wandelt	258

Umkehr
Create in me a clean heart (Fallingham)	24
Create in me a clean heart (Green)	25
Daß dein Wort	28
Es geht kein Mensch über diese weite Erde	72
Jesus ist kommen	151
Laßt uns nicht länger schweigen	256
Licht bricht durch	176
Wenn einer dem anderen dient	241
Wo jeder Recht hat	256

Verantwortung
Der Herr ist unser Gott (Hochzeitslied)	35
Einer soll heute dein Nächster sein	65
Friede sei in diesem Hause	80
Friede, Friede, Friede sei mit dir	81
Gib mir die richtigen Worte	85
Glauben heißt wissen, es tagt	87
Gott spannt leise feine Fäden	95
Herr, ich bringe dir die Welt	112
Herr, wir bitten, komm und segne uns	116
Jesus, dir gehört mein Leben	155
Komm, Heilger Geist	167
Nun ruht die Arbeit	196
Um Frieden haben wir schon oft gebetet	220
Worauf hörst du	259

Zweifel
Am Ende kein Ausweg	9
Einer soll heute dein Nächster sein	65
Hell strahlt die Sonne	104
Nicht, daß wir schon alles wissen	192
Wer Gott folgt, riskiert seine Träume	246

Texte und Gebete
zu Andacht und Meditation . . . . . Seite 306

Abba, Vater, deine Liebe 1

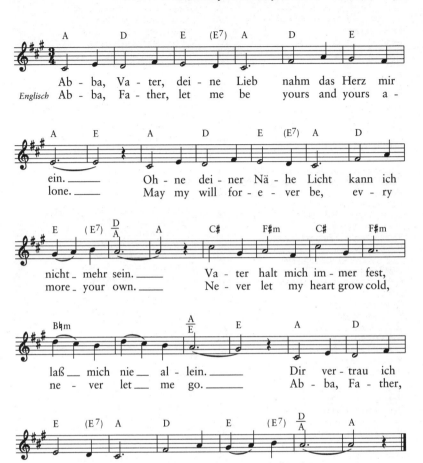

Text und Melodie: Dave Bilbrough
Deutsch: Elisabeth Aebi
Rechte: 1977 Kingsway's Thankyou Musik, East Sussex
Rechte für D, A, CH, Fl: Hänssler-Verlag, Neuhausen-Stuttgart

2 Abend ward, bald kommt die Nacht

2. Einer wacht und trägt allein ihre Müh und Plag,
   der läßt keinen einsam sein, weder Nacht noch Tag.
3. Jesu Christ, mein Hort und Halt, dein gedenk ich nun,
   tu mit Bitten dir Gewalt: Bleib bei meinem Ruhn.
4. Wenn dein Aug ob meinem wacht, wenn dein Trost mir frommt,
   weiß ich, daß auf gute Nacht guter Morgen kommt.

Text: Alexander Schröder 1942
Melodie und Satz: Samuel Rothenberg 1948
Rechte: Suhrkamp-Verlag, Frankfurt (1952)

Aber faßt neuen Mut 3

1. Daß wir in dieser Welt bedrängt sind, das wird uns nicht erspart. Vor Not und Leid ist niemand sicher, und viele trifft es hart.
2. Daß Krieg und Terror uns verschonen, bleibt uns nicht garantiert. Nehmt euch in Acht vor Illusionen, Glück ist nicht abonniert.
3. Ja, Jesus ging voran im Leiden und überwand den Tod. Die ihm vertrauen bleiben getragen, auch in der letzten Not.

Refrain 1.+ 2. Aber
3. Deshalb faßt neuen Mut! Jesus hat gesiegt. Selbst in Enge und Angst sind wir nicht allein. Weil die Welt in seinen guten Händen liegt, dürfen wir gelassen sein.

Text und Melodie: Stephan C. Thomas 1992
Rechte: Born-Verlag, Kassel

4 All die Fülle ist in dir, o Herr

Text und Melodie: Norbert Jagoda 1984
Aus „Lied des Lebens"
Rechte: Norbert Jagoda

5 Dank sei dir

Text (nach Psalm 75,2) und Melodie: Steve Smith

All Morgen ist ganz frisch und neu 6

1. All Morgen ist ganz frisch und neu / des Herren Gnad und große Treu; / sie hat kein End den langen Tag, / drauf jeder sich verlassen mag.
2. O Gott, du schöner Morgenstern, / gib uns, was wir von dir begehrn: / Zünd deine Licht in uns an, / laß uns an Gnad kein Mangel han.
3. Treib aus, o Licht, all Finsternis, / behüt uns, Herr, vor Ärgernis, / vor Blindheit und vor aller Schand / und reich uns Tag und Nacht dein Hand,
4. zu wandeln als am lichten Tag, / damit, was immer sich zutrag, / wir stehn im Glauben bis ans End / und bleiben von dir ungetrennt.

Text: Johannes Zwick (um 1541) 1545
Melodie: Johann Walter 1541

7 Allein deine Gnade genügt

Text und Melodie: Martin Nystrom
Deutsch: Ken Janz und Martin Pepper
Originaltitel: „Your grace is sufficient"
Rechte: 1991 Integrity's Hosanna! Music
Rechte für D, A, CH: Hänssler-Verlag, Neuhausen-Stuttgart

Am Anfang war das Wort 8

1. Am Anfang war das Wort, das Ja der Liebe. Und das Wort war bei Gott, und Gott selbst war das Wort. Am Anfang war das Wort.
2. Am Anfang war das Wort, das Ja zum Leben. Das, was lebt auf der Welt, kam zur Welt durch dies Wort. Am Anfang war das Wort.
3. Am Anfang war das Wort, das Ja zur Wahrheit, schien im Dunkel als Licht, niemand löscht es mehr aus. Am Anfang war das Wort.
4. Am Anfang war das Wort, das Ja zum Menschen. Und das Wort wurde Mensch, wohnt nun greifbar bei uns. Für immer ist das Wort.

Und wir haben seine Herrlichkeit gesehn, seit wir Zeugen seiner Macht geworden sind. Wir beginnen dieses Wunder zu verstehn. Wer seinem Ja der Liebe glaubt, wird Gottes Kind. Wer seinem Ja der Liebe glaubt, wird Gottes Kind.

Text: Christoph Zehendner
Melodie: Johannes Nitsch
Rechte: Hänssler-Verlag, Neuhausen-Stuttgart

9 Am Ende, kein Ausweg

1. Am En-de, kein Aus-weg und nur noch Angst:
   Wenn du dir al-lei-ne nicht hel-fen kannst:
2. Wenn Men-schen dich has-sen und nichts mehr bleibt:
   Wenn dich dei-ne Not zur Ver-zweif-lung treibt:

Be - te, Gott hört.
Be - te, Gott hört.
Be - te, Gott hört.
Be - te, Gott hört.

Refrain So ist Gott,
So ist Gott,

er hört Ge-bet, weiß, was du brauchst und was nicht.
er hört Ge-bet, führt dich vom Dun-keln ins Licht.

So ist Gott, er sagt zu dir: Fürch-te dich nicht!

3. Wenn du Gottes Handeln nicht mehr verstehst: Bete, Gott hört.
   Wenn du dich verzweifelt im Kreise drehst: Bete, Gott hört.

Text: Gertrud Schmalenbach
Melodie: Hella Heizmann
Aus „Lieder zum Leben"
Rechte: 1990 Musikverlag Klaus Gerth, Asslar

As the deer 10

1. As the deer pants _ for the wa - ter, so my soul longs af - ter
2. I want You more than gold and sil - ver. On - ly You can sa - tis -
3. You're my friend and you are my bro - ther. E - ven though you are a

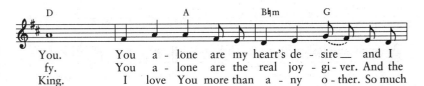

You. You a - lone are my heart's de - sire _ and I
fy. You a - lone are the real joy - gi - ver. And the
King. I love You more than a - ny o - ther. So much

long to wor - ship You.
app - le of my eye. *Refrain* You a - lone are my strength, my shield, to
more than a - ny - thing.

You a - lone may my spir - it yield. You a - lone are my

heart's de - sire _ and I long to wor - ship You.

Text (nach Psalm 42,1.2) und Melodie: Martin Nystrom
Rechte: 1983 Restoration Music, Harvestime House

11 Bahnt einen Weg unserm Gott

1. Bahnt einen Weg unserm Gott, der uns erlöst aus der Not. Er ist der König der Könige. Er hat am Kreuz gesiegt durch seinen Tod.
2. Bahnt einen Weg unserm Gott, der uns erwählt als sein Volk, mit ihm zu herrschen in Ewigkeit. Öffnet die Herzen und macht euch bereit.

Refrain: Dein Reich komme, o Herr, erhebe dich in deiner Macht. Dir sei Ehre und Ruhm und Majestät. Deine Herrlichkeit ist hier.

Text (nach Jesaja 40,3; Matthäus 4,14) und Melodie: Lothar Kosse
Rechte: Hänssler-Verlag, Neuhausen-Stuttgart

Bald schon kann es sein / Soon and very soon 12

12 Bald schon kann es sein / Soon an very soon

1. Soon and very soon we are goin' to see the King.
   Soon and very soon we are goin' to see the King.
   Soon and very soon we are goin' to see the King.
   Hallelujah, Hallelujah, we're goin' to see the King!
2. No more cryin' there, we are goin' to see the King.
   No more cryin' there, we are goin' to see the King.
   No more cryin' there, we are goin' to see the King.
   Hallelujah, Hallelujah, we're goin' to see the King!
3. No more dyin' there, we are goin' to see the King.
   No more dyin' there, we are goin' to see the King.
   No more dyin' there, we are goin' to see the King.
   Hallelujah, Hallelujah, we're goin' to see the King!
   Hallelujah, Hallelujah.

   Should there be any rivers we must cross,
   should there be any mountains we must climb.
   God will supply all the strength that we need give us grace
   till we reach the other side.
4. Soon and very soon we are goin' to see the King.
   Soon and very soon we are goin' to see the King.
   Soon and very soon we are goin' to see the King.
   Hallelujah, Hallelujah, we're goin' to see the King!
   Hallelujah, Hallelujah.

Text und Melodie: Eduard Andrae Crouch
Deutsch: Stephan Möller
Rechte für D, A, CH: Rudolf Slezak Musikverlag GmbH, Hamburg

13 Barmherzigkeit

Barmherzigkeit 13

2. Hoff-nung naht, ein from-mer Mann, da-nach folgt Num-mer zwei. Sie
3. Mie - se Ty - pen, frem-des Volk, mit and - rer Re - li - gion. Die
4. „Stell dir vor," sagt Je - sus noch, „es wä - re so ge - schehn. Denk

sehn das Op - fer, be - ten still – und drük-ken sich vor - bei. Dann
Vor - ur - tei - le ge - gen sie sind al - te Tra - di - tion.
ü - ber die - sen Frem-den nach, dann wirst du es ver-stehn. Dein

ei - len sie zum Got - tes-dienst, er - fülln dort ih - re Pflicht. Sie
Aus - ge - rech-net so ei - ner hebt den Ver-letz-ten auf. Ver -
Näch - ster ist der Mensch, den du ge - ra - de vor - dir hast. Wenn

prei - sen Gott, wie blind sie sind, be - grei - fen sie noch nicht.
sorgt, ver - bin - det, trö - stet ihn, nimmt Dreck und Blut in Kauf.
du das tust, was na - he - liegt, dann hast du es er - faßt:

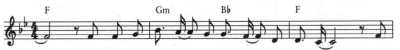

Refrain
1.+ 2. Wer hat Au - gen für den, der in Not ist, in
3. Ich schenk dir Au - gen für den, der in Not ist, in

Ar - mut, Ver-zweif-lung und Leid. Hän - de, die hel - fen, die das tun, was

dran ist. Ein Herz voll Barm-her - zig - keit.

Text: (nach Lukas 10,25–37): Christoph Zehendner
Melodie: Johannes Nitsch
Aus: „Folgen"
Rechte: Felsenfest Musikverlag, Würzburg

14 Be still

1. Be still, for the pre-sence of the Lord, the Ho-ly One is here.
2. Be still, for the glo-ry of the Lord is shi-ning all a-round;
3. Be still, for the po-wer of the Lord is mo-ving in this place.

Come, bow be-fore Him now, with rev-er-rence and fear.
He burns with ho-ly fire, with splen-dour He is crowned.
He comes to cleanse and heal, to mi-ni-ster His grace.

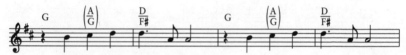

In Him no sin is found, we stand on ho-ly ground.
How awe-some is the sight, our ra-diant King of light!
No work too hard for Him, in faith re-ceive from Him;

Be still, for the pre-sence of the Lord, the Ho-ly One is here.
Be still, for the glo-ry of the Lord is shi-ning all a-round.
Be still, for the po-wer of the Lord is mo-ving in this place.

Text und Melodie: Dave Evans
Rechte: 1986 Kingsway's Thankyou Music, East Sussex
Rechte für D, A, CH, FL: Hänssler-Verlag, Neuhausen-Stuttgart

Befiehl dem Herrn deine Wege   15

Text (nach Psalm 39,1) und Melodie: Klaus Göttler
Rechte: Born-Verlag, Kassel

Bewahre uns, Gott   16

Text: Eugen Eckert (1985) 1987
Melodie: Anders Ruuth (um 1968) 1984
Rechte (Text): Strube Verlag GmbH, München-Berlin
Rechte (Melodie): Anders Ruuth, Uppsala

17 Bittende Herzen

Text: Hildor Janz und Manfred Paul
Melodie: Hildor Janz
Rechte: 1974 Janz Musikverlag GmbH, Deutschland

Bleib mit deiner Gnade bei uns   18

Text und Melodie: Jacques Berthier
Gesänge aus Taizé
Rechte: Christophorus-Verlag, Freiburg i. Br.

19 Blessed be the name of the Lord

Text und Melodie: Kevin Prosch / Danny Daniels
Rechte: Projektion J Buch- und Musikverlag GmbH, Wiesbaden

Brunn alles Heils 20

1. Brunn alles Heils, dich ehren wir und öffnen unsern Mund vor dir; aus deiner Gottheit Heiligtum dein hoher Segen auf uns komm.
2. Der Herr, der Schöpfer, bei uns bleib, er segne uns nach Seel und Leib, und uns behüte seine Macht vor allem Übel Tag und Nacht.
3. Der Herr, der Heiland, unser Licht, uns leuchten laß sein Angesicht, daß wir ihn schaun und glauben frei, daß er uns ewig gnädig sei.
4. Der Herr, der Tröster, ob uns schweb, sein Antlitz über uns erheb, daß uns sein Bild werd eingedrückt, und geb uns Frieden unverrückt.
5. Gott Vater, Sohn und Heiliger Geist, o Segensbrunn, der ewig fließt: durchfließ Herz, Sinn und Wandel wohl, mach uns deins Lobs und Segens voll!

Text: Gerhard Tersteegen
Melodie: Loys Bourgeois

21 Cast your Burdens

Cast your bur-dens un-to Je-sus, cause he cares for me.

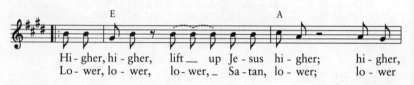
Hi-gher, hi-gher, lift up Jesus hi-gher; hi-gher, lo-wer
Lo-wer, lo-wer, lo-wer, Sa-tan, lo-wer; lo-wer

hi-gher, lift up Jesus hi-gher.
lo-wer, lo-wer, Sa-tan, lo-wer.

Text und Melodie: Verfasser unbekannt

Christ ist erstanden 22

Text: Bayern / Österreich 12. bis 15. Jh.
Melodie: Salzburg 1160 / 1433,
Tegernsee 15. Jh., Wittenberg 1529

23 Christus

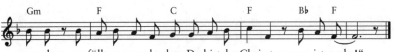

spre-chen, er-füllt es wun-der-bar. Du bist der Chri-stus – es ist wahr!"

Text (nach Lukas 9,18–20): Christoph Zehendner
Melodie: Manfred Staiger
Aus: „Folgen"
Rechte: Felsenfest Musikverlag, Würzburg

Create in me a clean heart　　24

Text: Psalm 51,12–14
Melodie: David Fallingham

25 Create in me a clean heart

Text: Psalm 51,12–14
Melodie: Keith Green
Rechte: For The Shepherd Music
Rechte für D, A, CH, Osteuropa: Rudolf Slezak Musikverlag GmbH, Hamburg

Creator of the Stars 26

Text und Melodie: Jonathan Soper
Rechte: 1993 Published by Goodness Gracious Music
All rights reserved
Rechte für D, A, CH: CopyCare Deutschland, Neuhausen

27 Das Grab ist leer

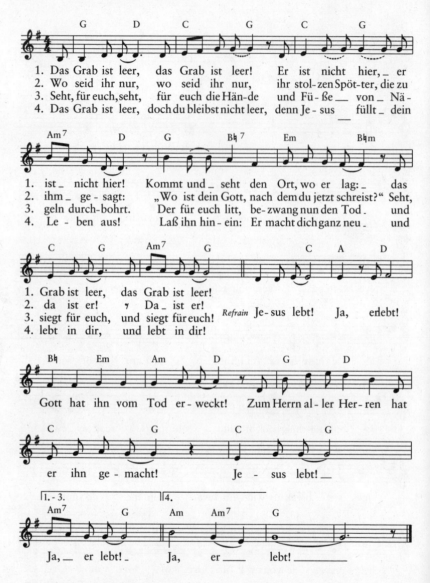

Text und Melodie: Sven Schönheit
Rechte: Jugend mit einer Mission Verlag, Biel

29 Daß du mich einstimmen läßt

5. Gib mir selber das Wort, öffne du mir das Herz,
deine Liebe, Herr, zu schenken.
6. Und ich dank dir, mein Gott, und ich preise dich, Herr,
und ich schenke dir mein Leben.

Text und Melodie: Kommunität Gnadenthal
Rechte: Präsenz-Verlag, Gnadenthal, Hünfelden

Dein Friede 30

1. Dein Frie-de brei-tet sich nun ü - ber den A-bend,
2. Dein Licht er-leuch-te uns, wenn al - les Licht schwin-det,
3. Und Lie - be hüllt uns ein mit all un - sern Feh - lern
4. Dei - ne Barm-her-zig-keit, die hat noch kein En - de,

1. du bringst das Wir - ken des Ta - ges zur Ruh,
2. dein Licht, das hell wie die Son - ne er - strahlt
3. und birgt uns si - cher vor Sor - gen und Angst.
4. son - dern sie ist mor - gen früh wie - der neu.

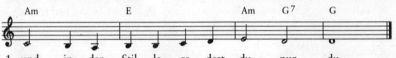

1. und in der Stil - le re - dest du, nur du.
2. und das im Dun - kel uns dein Bild - nis malt.
3. Dank, Herr, daß du von uns nicht weichst noch wankst.
4. So ruh ich froh in dei - ner gro - ßen Treu.

Text und Melodie: Kommunität Gnadenthal
Rechte: Präsenz-Verlag, Gnadenthal, Hünfelden

31 Dein Wort / Thy word

2. I will not forget your love for me and yet my heart forever is wondering.
Jesus, be my guide, hold me to your side and I will love you to the end.

2. Mauern hart und kalt, geben keinen Halt, drohend stehn sie vor mir.
Dein Wort ist mein Schwert, das aller Härte wehrt.
Du stellst mich auf weiten Raum.

3. Tränen wischst du fort, tröstest durch dein Wort,
Kraft zum Leben gibst du mir.
Wie ein weites Meer ist dein Wort, o Herr, unergründlich tief und reich.

Text: Psalm 119,105
Melodie: Amy Grant / Michael Smith
Rechte: 1993 Published by Goodness Gracious Music
All rights reserved
Rechte für D, A, CH, Osteuropa: Rudolf Slezak Musikverlag GmbH, Hamburg
Edition Discoton, BMG Ufa Musikverlage, München

Der Grund unsrer Dankbarkeit 32

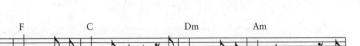

1. Der Grund uns-rer Dank-bar-keit, das Glück der Ge-bor-gen-heit, das
2. Die Macht, die das Dun-kel bricht, der Grund uns-rer Zu-ver-sicht, der

Maß uns-rer Freu-de liegt in dir, o Gott. Die
Trost in schwe-ren Stun-den liegt in dir, o Gott. Die

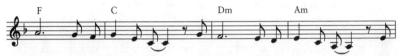

Macht, die das Welt-all lenkt, die Kraft, die das Be-ten schenkt, die
Kraft, die uns stüt-zen kann, das Ziel uns-rer Le-bens-bahn, der

Weis-heit, die wir brau-chen, liegt in dir, o Gott. Dein
Mut für das Mor-gen liegt in dir, o Gott. Dein

Refrain Sohn hat der Welt das Heil ge-bracht, schenk-te

Licht in dunk-ler Nacht, gab un-serm Le-ben ei-nen

Sinn und ein Ziel. Dein Ziel. Hab Dank!

Text und Melodie: Henry Smith
Deutsch: Klaus Heizmann
Rechte: 1978 Integrity's Hosanna! Music
Rechte für D, A, CH: Hänssler-Verlag, Neuhausen-Stuttgart

33 Der Herr behüte dich

Text (nach Psalm 121,7–8) und Melodie: Carsten Groß
Rechte: Born-Verlag, Kassel

Der Herr denkt an uns 34

Text: Psalm 115,12
Melodie: Hartmut Stiegler
Aus: „Ich will dir danken"
Rechte: Hänssler-Verlag, Neuhausen-Stuttgart

35 Der Herr ist unser Gott

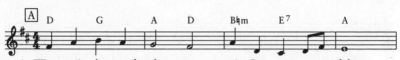

1. Wenn wir da - rauf schau - en, wie Gott uns ge - führt,
2. Wenn wir jetzt hier ste - hen, et - was bang um's Herz,
3. Wenn wir vor - wärts schau - en, sind wir ganz ge - trost,

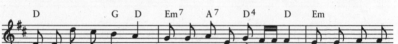

kön - nen wir nur stau - nen ü - ber sei - ne Gna - de. Dank - bar steigt ein
wol - len wir uns nie - mals fürch - ten und ver - za - gen. Ha - ben wir mit
stell'n uns mu - tig ge - gen ne - ga - ti - ves Re - den. Zu - kunft für uns

Lied zu ihm em - por.
Gott nicht im - mer ge - siegt? Hal - le - lu - ja! Der Herr ist un - ser Gott, der
al - le ist doch bei Gott!

Herr al - lein. Wie in Is - ra - el, so soll es bei uns sein. Der

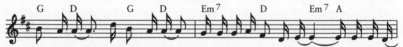

Herr ist Gott! Der Herr ist Gott! Wie in Is - ra - el, so soll es bei uns

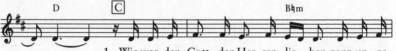

1. Wir wer - den Gott, den Her - ren, lie - ben ganz un - ge -
sein. 2. Und sei - ne Wor - te sind uns Le - ben. Tief im Ver -
3. Auch uns - re Kin - der soll'n es hö - ren. Wir prä - gen

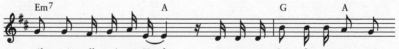

teilt, mit all uns - rer Kraft, von gan - zer See - le, von gan - zem
borg - nen än - dern sie uns. Gott hat sie selbst in uns ein - ge -
Got - tes Wort ih - nen ein an je - dem Ort und an al - len

35 Der Herr ist unser Gott

Text und Melodie: Marcus Gottwald
Rechte: Born-Verlag, Kassel

36 Der Himmel erfüllt mein Herz

Der Himmel erfüllt mein Herz 36

Text und Melodie: Graham Kendrick
Deutsch: Thomas van Dooren
Rechte: Make Way Music
Anfragen an: Hänssler-Verlag, Neuhausen-Stuttgart

Der Menschensohn ist gekommen 37

Text und Melodie: Klaus Göttler
Rechte: Born-Verlag, Kassel

38 Der Mond ist aufgegangen

Der Mond ist aufgegangen 38

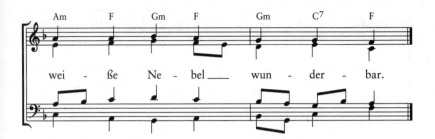

2. Wie ist die Welt so stille und in der Dämmrung Hülle
so traulich und so hold als eine stille Kammer,
wo ihr des Tages Jammer verschlafen und vergessen sollt.

3. Seht ihr den Mond dort stehen? Er ist nur halb zu sehen
und ist doch rund und schön. So sind wohl manche Sachen,
die wir getrost belachen, weil unsre Augen sie nicht sehn.

4. Wir stolzen Menschenkinder sind eitel arme Sünder
und wissen gar nicht viel. Wir spinnen Luftgespinste
und suchen viele Künste und kommen weiter von dem Ziel.

5. Gott, laß dein Heil uns schauen, auf nichts Vergänglichs trauen,
nicht Eitelkeit uns freun; laß uns einfältig werden
und vor dir hier auf Erden wie Kinder fromm und fröhlich sein.

6. Wollst endlich sonder Grämen aus dieser Welt uns nehmen
durch einen sanften Tod; und wenn du uns genommen,
laß uns in' Himmel kommen, du unser Herr und unser Gott.

7. So legt euch denn, ihr Brüder, in Gottes Namen nieder;
kalt ist der Abendhauch. Verschon uns, Gott, mit Strafen
und laß uns ruhig schlafen und unsern kranken Nachbarn auch.

Text: Matthias Claudius 1779
Melodie: Johann Abraham Peter Schulz 1790
Satz: Max Reger 1905

39 Der schöne Ostertag

3. Muß ich von hier nach dort - er hat den Weg erlitten.
   Der Fluß reißt mich nicht fort, seit Jesus ihn durchschritten.
   Wär er geblieben, wo des Todes Wellen branden, so hofften wir umsonst.
   Doch nun ist er erstanden, erstanden.

Text: Jürgen Henkys 1983
Melodie: bei Dirk Raphaelszoon Champoysen 1624
Rechte (Text): Strube Verlag GmbH, München

Der Tag ist um 40

1. Der Tag ist um, die Nacht kehrt wieder,
   auch sie, o Herr, ist deine Zeit.
   Dich preisen unsre Morgenlieder,
   dir sei die Stille nun geweiht.

2. Wie über Länder, über Meere
   der Morgen ewig weiterzieht,
   tönt stets ein Lied zu deiner Ehre,
   dein Lob, vor dem der Schatten flieht.

3. Kaum ist die Sonne uns entschwunden,
   weckt ferne Menschen schon ihr Lauf,
   und herrlich neu steigt alle Stunden
   die Kunde deiner Wunder auf.

4. So mögen Erdenreiche fallen,
   dein Reich, Herr, steht in Ewigkeit
   und wächst und wächst, bis endlich allen
   das Herz zu deinem Dienst bereit.

Text: John Ellerton 1870
Strophe 4: Günter Balders
Deutsch: Karl Albrecht Höppl 1958
Melodie: Guillaume Franc 1543
Rechte (Text): Verlag Singende Gemeinde, Wuppertal

41 Die auf den Herrn vertraun

Die auf den Herrn vertraun   41

Text und Melodie: Stephan C. Thomas 1990
Rechte: Born-Verlag, Kassel

42 Die Freude am Herrn ist eure Stärke

1. Wenn der Spaß an Sa-chen euch wie Glas zer-bricht, nichts kann
2. Leer ist eu-er Le-ben und hat kein Ge-wicht. Ihm noch
3. Hat euch Schuld zer-ris-sen, Furcht, vor dem Ge-richt Got-tes
4. Seht ihr auch für mor-gen ü-ber-haupt kein Licht, fühlt euch

1. glück-lich ma-chen, und es stirbt das La-chen. Be-
2. Sinn zu ge-ben, al-les ging da-ne-ben. Be-
3. stehn zu müs-sen, quält euch das Ge-wis-sen. Be-
4. un-ge-bor-gen, macht euch kei-ne Sor-gen! Be-

küm-mert euch nicht, be-küm-mert euch nicht!

Text: Eckart zur Nieden
Melodie: Helmut Jost
Rechte: Hänssler-Verlag, Neuhausen-Stuttgart

Die Freude breitet sich aus 43

Refrain: Die Freu-de brei-tet sich aus, wie das Licht nach der Nacht, die Freu-de ist dort zu-haus, wo man singt, wo man lacht, die Freu-de brei-tet sich aus, wo das Le-ben be-ginnt. Sie öff-net un-sern Ho-ri-zont, weil man Zu-ver-sicht ge-winnt.

1. Laßt die Kla-ge-lie-der, freut euch im-mer wie-der. Singt es mit, das neu-e Lied, denn Gott tut Wun-der!
2. Laßt den Kopf nicht hän-gen, wenn Sor-gen euch be-drän-gen. Kommt, faßt Mut, Gott meint es gut, gibt eu-rem Le-ben Sinn.
3. Ihr könnt wie-der hof-fen, Got-tes Tür steht of-fen. Zö-gert nicht und kommt ins Licht, denn Got-tes Sohn ist da!

Text und Melodie: Michael Wittig
Rechte: Born-Verlag, Kassel

44 Die ganze Welt

5. Wenn du uns richtest, Herr, sind wir verloren.
   Auf unsern Schultern lastet schwere Schuld.
   Laß deine Gnade, Herr, vor Recht ergehen;
   von gestern und von morgen sprich uns los.

Die ganze Welt 44

6. Gib uns die Wege frei, die zu dir führen,
   denn uns verlangt nach deinem guten Wort.
   Du machst uns frei, zu lieben und zu hoffen,
   das gibt uns Zuversicht für jeden Tag.

Text: Christa Weiss 1965
Melodie: Hans Rudolf Simoneit 1965
Rechte (Text): Gustav Bosse Verlag, Kassel
Rechte (Melodie): Hans Rudolf Simoneit, Bünde

Die Güte des Herrn 45

Die Gü-te des Herrn hat kein En-de, kein En-de. Sein Er-bar-men hört nie-mals auf. Es ist neu je-den Mor-gen, neu je-den Mor-gen. Groß ist dei-ne Treu-e, o Herr! Groß ist dei-ne Treu-e.

Text (nach Klagelieder 3,22.23) und Melodie: Edith McNeill
Originaltitel: The steadfast love of the Lord
Rechte: 1974 Celebration Services / Thankyou Music
Rechte für D, A, CH: Hänssler-Verlag, Neuhausen-Stuttgart
verwaltet von: CopyCare Deutschland, Neuhausen

46 Die Güte des Herrn ist's

Die Güte des Herrn ist's, daß wir nicht gar aus sind,
seine Barmherzigkeit hat noch kein Ende.
hat noch kein Ende.

1.-3. Viele Menschen meinen, es geht ohne Gott.
1. Gottes Güte schlägt man in den Wind.
2. Gottes Treue schlägt man in den Wind.
3. Gottes Liebe schlägt man in den Wind.
1.-3. Doch wir Christen haben einen andern Blick,
1.-3. wissen, was wir mit Gott sind.

Text: Klagelieder 3,22
Melodie: Christian Hählke 1994
Rechte: beim Autor

Die Herrlichkeit des Herrn 47

Text: Christiane Gaud
Melodie: Michel Wackenheim
Rechte: Jugend mit einer Mission Verlag, Biel

48 Die Kirche steht gegründet

1. Die Kirche steht gegründet allein auf Jesus Christ, sie, die des großen Gottes erneute Schöpfung ist. Vom Himmel kam er nieder und wählte sie zur Braut, hat sich mit seinem Blute ihr ewig angetraut.

2. Erkorn aus allen Völkern, doch als ein Volk gezählt, ein Herr ist's und ein Glaube, ein Geist, der sie beseelt, und einen heil'gen Namen ehrt sie, ein heil'ges Mahl, und eine Hoffnung teilt sie kraft seiner Gnadenwahl.

3. Schon hier ist sie verbunden mit dem, der ist und war, hat selige Gemeinschaft mit der erlösten Schar, mit denen, die vollendet. Zu dir, Herr, rufen wir: Verleih, daß wir mit ihnen dich preisen für und für.

1. The Church's one foundation is Jesus Christ her Lord;
   she is his new creation by water and the word:
   From heaven he came and sought her to be his holy bride;
   with his own blood he bought her, and for her life he died.

2. Elect from every nation, yet one o'er all the earth,
   her charter of salvation one Lord, one faith, one birth,
   one holy name she blesses, partakes one holy food,
   and to one hope she presses with every grace endued.

3. Yet she in earth hath union with God the Three in One,
and mystic sweet communion with those whose rest is won;
o happy ones and holy! Lord, give us grace that we
like them, the meek and lowly, on high may dwell with Thee.

Text: Samuel John Stone 1866
Deutsch: Anna Thekla von Weling 1898
Melodie: Samuel Sebastian Wesley 1864

Diesen Tag, Herr 49

Die-sen Tag Herr, leg ich zu-rück in dei-ne Hän-de, denn du
Du, Herr, bist doch der Zei-ten Ur-sprung und ihr En-de, ich ver-

gabst ihn mir. 1. Kom-men dunk-le Schat-ten
traue dir. 2. Ist mir heut ge-lun-gen, was
 3. Wie-viel Wor-te blie-ben bes-ser
 4. Scheint mir auch das Le-ben

1. ü - ber die Welt, wenn die Angst zu le-ben mich
2. ich mir er-träumt? Und wer kann es zäh-len,
3. un - ge-sagt? Wann hab ich ge-dankt und wie
4. oft oh - ne Sinn, frag ich mich auch manch-mal: Wo

1. plötz-lich be-fällt: Du machst das Dun-kel hell.
2. was ich ver-säumt? Du nimmst die Schuld von mir.
3. oft nur ge-klagt? Du weißt ja, wie ich bin.
4. führt es mich hin? Du kennst auch mei-nen Weg.

Text und Melodie: Martin Gotthard Schneider
Rechte: Gustav Bosse Verlag, Kassel

50 Dir gebührt die Ehre

Text (nach Psalm 40,9) und Melodie: E. L. Hällmark
Rechte: E. L. Hällmark

Du bist der Herr 51

Text und Melodie: Kevin Prosch
Deutsch: Andreas Claus / Albert Frey
Rechte für D, A, CH, Fl, L: Projektion J Buch- und Musikverlag GmbH, Wiesbaden

52 Du bist der Weg und die Wahrheit

Du bist der Weg und die Wahrheit 52

Text: Christoph Zehendner
Melodie: Johannes Nitsch
Aus: „Begegnungen"
Rechte: Hänssler-Verlag, Neuhausen-Stuttgart

53 Du bist erhoben

Text und Melodie: Twila Paris
Deutsch: Mirjana Angelina
Rechte: Straightway Musik
Rechte für D, A, CH, Osteuropa: Rudolf Slezak Musikverlag GmbH, Hamburg

Du bist Gottes Liebe 54

1. Du bist Gottes Liebe auf den ersten Blick.
2. Du bist Gottes Wunschkind. Schön, daß es dich gibt.
3. Du bist Gottes Perle. Er verliert dich nicht.

Er hält dir die Treue. Was hält dich zurück?
Herrlich, wie der Herr dich über alles liebt.
Er sorgt für dein Leben, daß es nicht zerbricht.

Refrain Gott ist kein Gedanke. Gott ist kein Prinzip.

Gott ist ja dein Vater. Vater hat dich lieb.

Gott ist ja dein Vater. Vater hat dich lieb.

Text: Jörg Swoboda / Theo Lehmann
Melodie: Jörg Swoboda
Rechte: Oncken-Verlag, Wuppertal

55 Du bist gut, Herr

Text und Melodie: Stefan Dennenmoser
Rechte: Hänssler-Verlag, Neuhausen-Stuttgart
für Immanuel Music, Ravensburg

Du bist mein König 56

Text und Melodie: Susanne Georg
Rechte: beim Autor

Du bist würdig 58

Text (nach Offb. 4,10.11) und Melodie: Pauline M. Mills
Rechte für D, A, CH: Hänssler-Verlag, Neuhausen-Stuttgart

59 Du hast Erbarmen

Du hast Erbarmen und zertrittst all meine Schuld.
Du hilfst mir auf in deiner Treue und Geduld.
Du nimmst mir meine Last, nichts ist für dich zu schwer.
Du wirfst all meine Sünde tief hinab ins Meer.
Wer ist ein Gott wie du, der die Sünde verzeiht und das Unrecht vergibt? Wer ist ein Gott wie du, nicht für immer bleibt dein Zorn bestehn, denn du liebst es, gnädig zu sein.

Text: Micha 7,18–20
Melodie: Albert Frey
Rechte: Hänssler-Verlag, Neuhausen-Stuttgart

Du kommst 60

1. Du kommst hin - ein in un - sre Welt trotz
2. Du kommst hin - ein in un - sre Welt, wirst

al - ler uns - rer Schwä - chen. Du weißt, was uns in A - tem hält, wo -
sie ganz neu ge - stal - ten. Du, der die Macht in Hän - den hält, stürzt

ran wir fast zer - bre - chen. Du siehst, wie hilf - los
Mäch - te und Ge - wal - ten. Schaffst Frie - den und Ge -

wir oft sind, er - schöpft und aus - ge - brannt. So
rech - tig - keit, machst har - te Her - zen weich. In

wie ein Va - ter sei - nem Kind, reichst du uns dei - ne Hand: *Refrain* Du
Gü - te und Barm - her - zig - keit baust du mit uns dein Reich.

hast so - viel für uns ge - tan, wir sind er - füllt da - von. Du

bie - test uns die Freund - schaft an in Je - sus, dei - nem Sohn.

Text: (nach Lukas 1,46–55): Christoph Zehendner
Melodie: Manfred Staiger
Aus „Folgen"
Rechte: Felsenfest Musikverlag, Würzburg

61 Du vergibst mir all meine Schuld

Text und Melodie: Horst und Inge Wallis
Rechte: Christliches Missionswerk „Josua", Berlin

Ein feste Burg ist unser Gott 62

3. Und wenn die Welt voll Teufel wär und wollt uns gar verschlingen,
   so fürchten wir uns nicht so sehr, es soll uns doch gelingen.
   Der Fürst dieser Welt, wie sau'r er sich stellt,
   tut er uns doch nicht; das macht, er ist gericht':
   ein Wörtlein kann ihn fällen.

4. Das Wort sie sollen lassen stahn und kein' Dank dazu haben;
   er ist bei uns wohl auf dem Plan mit seinem Geist und Gaben.
   Nehmen sie den Leib, Gut, Ehr, Kind und Weib:
   laß fahren dahin, sie haben's kein Gewinn,
   das Reich muß uns doch bleiben.

Text und Melodie: Martin Luther 1529

63 Ein Morgen leuchtet hell ins Land

1. Ein Morgen leuchtet hell ins Land, den Gott vom Himmel dir gesandt. Stehe! Stehe, daß die Nacht vergehe.
2. Der Morgen ruft mit leiser Stimm: Was Gott dir sagt, o Mensch, vernimm! Höre! Höre, daß dich nichts beschwere.
3. Der Morgen gibt dir weiten Raum. Wach auf, steh auf aus Nacht und Traum. Singe! Singe, daß der Tag gelinge.

Refrain Laßt uns enden alle Klagen, laßt uns einen Anfang wagen, singend, daß wir nicht verzagen diesen Tag.
Laßt uns mit den Lerchen singen, rühmen Gott in allen Dingen, so wird unser Werk gelingen diesen Tag.

Text: Jörg Zink
Melodie: Hans Jürgen Hufeisen

Eine Nacht wie jede andre 64

1. Eine Nacht wie jede andre, schwarz der Himmel, schwarz das Land. Schwere Augen, rauhe Sprüche, jeder Satz ist lang bekannt. Eine Nacht wie jede andre, kalte Sterne, fahler Mond. Leere Herzen, stille Träume, daß sich's Leben dochnoch lohnt.

2. Eine Nacht wie jede andre, leise Fragen: Ist Gott nah? Oder hat er uns vergessen, ist nur für die Frommen da? Eine Nacht wie jede andre. Hat das Leben einen Sinn? Plötzlich Rufen, Schreien, Singen, kürlich hör'n wir hin.

3. Keine Nacht wie jede andre, alles leuchtet strahlend hell. Und in uns fängt's an zu singen: Laßt uns Christus suchen, schnell! Keine Nacht wie jede andre, off'ner Himmel, helle Welt. Engel lachen, tanzen, singen, Gott hat sich zu uns gestellt.

Refrain: Fürchtet euch nicht. Gott macht uns Licht. Kommt uns ganz nah. Christus ist da.

Text: (nach Lukas 2,1–20): Jürgen Werth
Melodie: Manfred Staiger
Aus „Folgen"
Rechte: Felsenfest Musikverlag, Würzburg

65 Einer soll heute dein Nächster sein

1.-3. Einer soll heute dein Nächster sein,
4. Einem sollst du heute Nächster sein,

1. einer, der sonst nicht zählt,
2. einer, dem Leid geschehn,
3. einer, der sich entzweit,
4. einem sollst du dich nahn;

1. einer, der nicht mehr glauben kann,
2. einer, der keinen Menschen hat,
3. der sich in seinem Sinn verschließt,
4. sollst an ihm tun, wie Jesus Christ

1. der sich mit Zweifeln quält,
2. den Gott für ihn ersehn,
3. der mit sich selbst in Streit,
4. selber an dir getan,

1. der sich mit Zweifeln quält.
2. den Gott für ihn ersehn.
3. der mit sich selbst in Streit.
4. selber an dir getan.

Text: Lindolfo Weingärtner
Melodie: Carsten Groß
Rechte (Melodie): Born-Verlag, Kassel

El-Shaddai 66

Text: Michael Card
Deutsch: Barbara Werner
Melodie: John Thompson
Rechte: 1982 Whole Amor Publishing Co., USA

67 Endlose Kämpfe / Komm, heile uns

Text und Melodie: Albert Frey
Rechte: Hänssler-Verlag, Neuhausen-Stuttgart
für Immanuel Music, Ravensburg

Er ist der Erlöser 68

1. Er ist der Er - lö - ser, Je - sus, Got - tes Sohn, _____
2. Je - sus, mein Er - lö - ser, höch - ster al - ler Na - men,
3. Einst werd ich ihn se - hen in der Herr - lich - keit. _____

Got - tes Lamm, er - wählt zu tra - gen un - se - rer Sün - de Lohn.
Got - tes Lamm, er - wählt zu tra - gen mei - ner Sün - de Lohn.
Mei - nem Kö - nig werd ich die - nen bis in al - le E - wig - keit.

Refrain Dan - ke, lie - ber Va - ter, du gabst uns dei - nen Sohn. ___ Dein

Geist gibt uns die Kraft zu die - nen, bis _ er _ wie - der - kommt.

englisch:

1. There is a redeemer, Jesus, God's own son, precious lamb of God, Messiah, holy one.

Refr.: Thank you, o my Father, for giving us your son, and leaving your spirit till the work on earth is done.

2. Jesus my redeemer, name above all names, precious lamb of God, Messiah, o for sinners slain.

3. When I stand in glory I will see his face. And there I'll serve my king forever, in that holy place.

Text und Melodie: Melody Green
Deutsch: Dr. Hartmut Sünderwald
Rechte: 1982 Birdwing Music / Cherry Lane Music Publ. Co. Inc.
Rechte für D, A, CH, Osteuropa: Rudolf Slezak Musikverlag GmbH, Hamburg

69 Er ist erstanden, Halleluja

3. Der Engel sagte: „Fürchtet euch nicht! Ihr suchet Jesus, hier ist er nicht. Sehet, das Grab ist leer, wo er lag: er ist erstanden, wie er gesagt." Laßt uns lobsingen ...

4. „Geht und verkündigt, daß Jesus lebt, darüber freu sich alles, was lebt. Was Gott geboten, ist nun vollbracht, Christ hat das Leben wiedergebracht." Laßt uns lobsingen ...

Text: Ulrich S. Leupold 1969
nach dem Suaheli-Lied „Mfurahini, halleluja" von Bernhard Kyamanywa 1966
Melodie: aus Tansania
Rechte (Text): Lutherischer Weltbund, Genf

Er ist Herr 70

1. Er ist Herr, er ist Herr. Er ist auf-er-stan-den, und er ist
2. Du bist Herr! Du bist Herr! Du bist auf-er-stan-den, und du bist

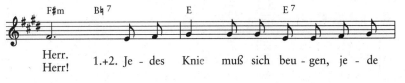

Herr.
Herr! 1.+2. Je - des Knie muß sich beu-gen, je - de

Zun - ge muß be-ken-nen, daß Je - sus ist der Herr.

Text und Melodie: Marvin V. Frey
Originaltitel: „He is Lord"
Rechte: 1977 by Marvin V. Frey. All rights reserved. Used by permission.
Rechte (deutscher Text): Hänssler-Verlag, Neuhausen-Stuttgart

71 Er weckt mich alle Morgen

1. Er weckt mich alle Morgen, er weckt mir selbst das Ohr. Gott hält sich nicht verborgen, führt mir den Tag empor, daß ich mit seinem Worte begrüß das neue Licht. Schon an der Dämmrung Pforte ist er mir nah und spricht.

2. Er spricht wie an dem Tage, da er die Welt erschuf. Da schweigen Angst und Klage; nichts gilt mehr als sein Ruf. Das Wort der ewgen Treue, die Gott uns Menschen schwört, erfahre ich aufs neue so, wie ein Jünger hört.

3. Er will, daß ich mich füge. Ich gehe nicht zurück.
Hab nur in ihm Genüge, in seinem Wort mein Glück.
Ich werde nicht zuschanden, wenn ich nur ihn vernehm.
Gott löst mich aus den Banden. Gott macht mich ihm genehm.

4. Er ist mir täglich nahe und spricht mich selbst gerecht.
Was ich von ihm empfahe, gibt sonst kein Herr dem Knecht.
Wie wohl hat's hier der Sklave, der Herr hält sich bereit,
daß er ihn aus dem Schlafe zu seinem Dienst geleit.

5. Er will mich früh umhüllen mit seinem Wort und Licht,
verheißen und erfüllen, damit mir nichts gebricht;
will vollen Lohn mir zahlen, fragt nicht, ob ich versag.
Sein Wort will helle strahlen, wie dunkel auch der Tag.

Text: Jochen Klepper 1938
Melodie: Rudolf Zöbeley 1941
Rechte (Text): Verlag Merseburger, Kassel
Rechte (Melodie): mundorgel Verlag GmbH, Köln

Es geht kein Mensch über diese weite Erde 72

1. Es geht kein Mensch ü-ber die-se wei-te Er-de, es gibt
keinen unter uns, den Gott nicht liebt. Er gab
dir das Leben und hat fest versprochen, daß er dir hier, was du
brauchst, auch wirk-lich gibt, was du brauchst, auch wirk-lich gibt.

2. Stimmt es wirk-lich, daß du oh-ne Gott gut aus-kommst? Es ist
nicht schon Leben, weil du es so nennst. Wah-res
Leben fängt erst an mit der Ver-ge-bung all dei-ner Schuld. Wehr nicht
ab, was du nicht kennst. Wehr nicht ab, was du nicht kennst.

3. Du kannst an-de-ren das Le-ben rei-cher ma-chen, wenn du
Got-tes Lie-be durch dich strö-men läßt. Tei-le
al-les, was du hast. Ge-teil-te Schät-ze ver-dop-peln sich. Was du
hast, das halt nicht fest. Was du hast, das halt nicht fest.

4. Ir-gend-wann geht auch dein Le-ben mal zu En-de. Was du
hat-test, was du warst, zer-fällt zu Staub. Doch mit
Chri-stus kannst du e-wig le-ben, ü-ber den Tod hin-aus. Dar-um
komm zu ihm und glaub. Dar-um komm zu ihm und glaub.

Refrain

Gott sagt uns: Sucht mich, so wer-det ihr le-ben. Sucht mich, so wer-det ihr le-ben, spricht Gott. Sucht mich, so wer-det ihr le-ben. Sucht mich, so spricht Gott, der Herr.

Text: Jörg Swoboda / Theo Lehmann
Melodie: Jörg Swoboda
Rechte: Oncken-Verlag, Wuppertal

73 Ewiger Gott

1. E-wi-ger Gott, o e-wi-ger Gott, du bist hoch zu
2. Je-sus, mein Herr, o Je-sus, mein Herr, du bist hoch zu
3. Hei-li-ger Geist, o hei-li-ger Geist, du bist hoch zu

1.-3. lo-ben, du bist hoch zu lo-ben, denn du teilst aus, was je-der braucht! Du bist hoch zu lo-ben, du bist hoch zu lo-ben.

Refrain
Hal-le-lu-ja! Hal-le-lu-ja! Hal-le-lu-ja!
Hal-le-lu-ja! Hal-le-lu-ja! Hal-le-lu-ja!

Text und Melodie: Jugend für Christus
Rechte: Jugend für Christus Verlag, Mühltal

Ewiger Vater 74

Text und Melodie: Rick Ridings
Deutsch: Jugend mit einer Mission
Originaltitel: „You are the Mighty God"
Rechte: 1979 and in this translation 1993 Scripture in Song
Rechte für D, A, CH: CopyCare Deutschland, Neuhausen

Father, you are the source of our love 75

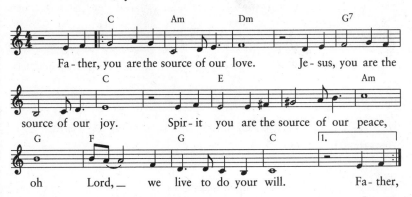

75 Father, you are the source of our love

Text und Melodie: Glen Kaiser
Rechte: Grer. Music

76 Feiert Jesus

Text und Melodie: Gary Oliver
Deutsch: Maranatha Gemeinde
Originaltitel: „Celebrate Jesus"
Rechte: 1988 Integrity's Hosanna! Music
Rechte für D, A, CH, Fl, L: Hänssler-Verlag, Neuhausen-Stuttgart

Folgen 77

Refrain: Folgen – Leben mit Jesus hat Folgen. Die alten Pläne und Ideen zähln nicht mehr. Folgen – komm, wir wollen ihm folgen. Sein Weg ist gut. Wir gehen hinterher.

1. Folgen heißt zu lernen, von sich selbst wegzusehn. Die Not der Welt erkennen und mutig loszugehn. Heißt Hilflosen zu helfen mit Trost und gutem Rat. Heißt reden, heilen, handeln – so wie es Jesus tat!

2. Folgen heißt zu leben für Gottes grosses Ziel, heißt sich dort einzusetzen, wo niemand es sonst will. Die Last des andern tragen, der schwer zu schleppen hat. Sein Kreuz auf sich zu nehmen – so wie es Jesus tat!

3. Folgen heißt zu opfern, was lebenswichtig scheint, heißt manches aufzugeben, was man zu brauchen meint. Heißt viel mehr zu gewinnen, als man verloren hat: Zum Leben durchzudringen – so wie es Jesus tat!

Text (nach Lukas 9,23.24): Christoph Zehendner
Melodie: Christoph Zehendner / Manfred Staiger
Aus „Folgen"
Rechte: Felsenfest Musikverlag, Würzburg

78 Freude bricht sich Bahn
(Siehe Seite nach Lied Nr. 80)

79 Freue dich, Welt

1. Freue dich, Welt, dein König naht. Mach deine Tore weit. Er kommt nach seines Vaters Rat, der Herr der Herrlichkeit, der Herr der Herrlichkeit,
2. Jesus kommt bald, mach dich bereit. Er hilft aus Sündennacht. Sein Zepter heißt Barmherzigkeit, und Lieb ist seine Macht, und Lieb ist seine Macht,
3. Freuet euch doch, weil Jesus siegt, sein wird die ganze Welt. Des Satans Reich darniederliegt, weil Christ ihn hat gefällt, weil Christ ihn hat gefällt,

Freue dich, Welt 79

Text: Johannes Haas 1978
Melodie: Georg Friedrich Händel 1742
Satz: Klaus Heizmann
Rechte (Text): Hänssler-Verlag, Neuhausen-Stuttgart

Friede sei in diesem Hause 80

Text: Johannes Jourdan
Melodie: Klaus Heizmann
Rechte: Musikverlag Klaus Gerth, Asslar

78 Freude bricht sich Bahn

Freu-de bricht sich Bahn, _ wenn der Kö-nig kommt, wenn der Kö-nig kommt. La-chen steckt uns an, _ wenn der Kö-nig kommt, _ wenn der Kö-nig kommt. Ein Fest vol-ler Ge-sang, _ wenn der Kö-nig kommt, wenn der Kö-nig kommt, zieht uns in sei-nen Bann, _ wenn der Kö-nig kommt, wenn der Kö-nig kommt. Er kommt zu uns in Sanft-heit, er kommt zu uns in Macht, führt uns in sei-ne Wahr-heit, ver-treibt vor uns die Nacht. Und wenn du kurz da-vor _ stehst, den Glau-ben zu ver-liern, dann heb den Blick und sieh, der Kö-nig kommt.

Text und Musik: Lothar Kosse
Rechte: Projektion J Buch- und Musikverlag GmbH, Wiesbaden

79 Freue dich, Welt
(Siehe Seite vor Lied Nr. 80)

Friede sei in diesem Hause 80
(Siehe Seite vor Lied Nr. 78)

Friede sei mit dir 81

Refrain: Friede, Friede, Friede sei mit dir. Friede, Friede, Friede sei mit dir.

1. Nicht jenes Warten, wenn die Waffen schweigen, wenn sich noch Furcht mit Haß die Waage hält, wenn sich Verlierer vor den Siegern beugen: nicht der Friede dieser Welt.
2. Nicht jene Stille, die den Tod verkündet, da, wo es früher einmal Leben gab, wo man kein Wort und keine Tat mehr findet: nicht die Stille überm Grab.
3. Der tiefe Friede, den wir nicht verstehen, der wie ein Strom in unser Leben fließt, der Wunden heilen kann, die wir nicht sehen, weil es Gottes Friede ist.
4. Der Friede Gottes will in dir beginnen, du brauchst nicht lange, bis du es entdeckst: was Gott in dich hineinlegt, bleibt nicht innen — Friede, der nach außen wächst.

Text und Melodie: Manfred Siebald
Rechte: Hänssler-Verlag, Neuhausen-Stuttgart

82 Fülle uns frühe mit deiner Gnade

Text und Melodie: Kommunität Gnadenthal
Rechte: Präsenz-Verlag, Gnadenthal

83 Gedanken des Friedens

Gedanken des Friedens 83

Text: Jeremia 29,11
Melodie: Bernd-Martin Müller
Rechte: Musikverlag Klaus Gerth, Asslar

84 Gefunden

1. Wie ein Schaf, in der Wüste verirrt, orientierungslos, hilflos, verwirrt. Stolpernd müht es sich weiter voran, ohne Weg, ohne Ziel, ohne Plan. Selbst die Richtung nach Haus ist nicht klar, nur die Sehnsucht nach dem, was mal war. Voller Angst hält es sich dann versteckt, bis der Hirte es endlich entdeckt.

2. Wie ein Sohn, der bewußt provoziert und vom Vater das Erbe kassiert. Er genießt, kostet's Leben voll aus, wirft den Reichtum zum Fenster hinaus. Bald sind Geld und Gespielinnen weg, er sitzt hungrig und mutlos im Dreck. Er bereut, wird zur Rückkehr bereit, sagt zum Vater: „Es tut mir so leid!"

Refrain: Verloren, doch endlich gefunden, aus Suchen und Fragen heraus. Ein Mensch ohne Heimat läßt sich finden von Gott und spürt: Endlich bin ich zu Haus.

Text (nach Lukas 15,1–32): Christoph Zehendner
Melodie: Johannes Nitsch
Aus „Folgen"
Rechte: Felsenfest Musikverlag, Würzburg

Gib mir die richtigen Worte 85

Text und Melodie: Manfred Siebald
Rechte: Hänssler-Verlag, Neuhausen-Stuttgart

86 Glaube, Hoffnung, Liebe

1. Wo Glaube beginnt, wird Gewißheit entstehn.
   Wo Glaube gewagt wird, können Wunder geschehn.
2. Wo Hoffnung beginnt, dort ist Trost auch im Leid.
   Wo Hoffnung gewagt wird, wird der Blick wieder weit.
3. Wo Liebe beginnt, weicht die Schönfärberei.
   Wo Liebe gewagt wird, macht sie offen und frei.

1. Wo Glaube verändert, kriegen Menschen Profil. Wo Glaube gelebt wird, führt sie Gott hin zum Ziel.
2. Wo Hoffnung verändert, wächst Vertrauen heran. Wo Hoffnung gelebt wird, fängt die Zukunft schon an.
3. Wo Liebe verändert, gibt sie Kraft zu verzeihn. Wo Liebe gelebt wird, stellt Versöhnung sich ein.

Refrain: Glaube, Hoffnung, Liebe, hat uns Gott anvertraut. Wo wir glauben, hoffen, lieben, wird Gottes Reich mit uns gebaut.

Text: Christoph Zehendner
Melodie: Manfred Staiger
Rechte: Musikverlag Klaus Gerth, Asslar

Glauben heißt wissen, es tagt 87

Text und Melodie: Wolfgang Vorländer
Rechte: Hänssler-Verlag, Neuhausen-Stuttgart

88 Gott gab uns den Grund zum Singen

Kanon zu drei Stimmen *

Gott gab uns den Grund zum Sin-gen. Sei-ne Lie-be macht uns frei. Den Dank wolln wir zum Klin-gen brin-gen, im-mer wie-der, im-mer neu.

Text und Melodie: Martin Buchholz
Rechte: Hänssler-Verlag, Neuhausen-Stuttgart

** Der Kanon wird einmal einstimmig und danach in drei Gruppen gesungen.
Jede Gruppe singt den Kanon zweimal durch und hört dann auf.*

89 Gott greift ein

1. Es herrsch-ten schlim-me Zei-ten in dem be-setz-ten Land.
2. Sie kann-ten die-se Wor-te seit vie-len Jah-ren schon.
3. So las er und sie nick-ten, die Wor-te klan-gen gut.

Die Men-schen wa-ren oh-ne Hoff-nung, arm und aus-ge-brannt.
Was einst Je-sa-ja pro-phe-zeit war gu-te Tra-di-tion.
Doch das, was Je-sus da-zu sag-te, brach-te sie in Wut:

Gott greift ein

Text (nach Lukas 4,16–22): Christoph Zehendner
Melodie: Johannes Nitsch
aus: „Folgen"
Rechte: Felsenfest Musikverlag, Würzburg

90 Gott ist gegenwärtig

1. Gott ist gegenwärtig. Lasset uns anbeten und in Ehrfurcht vor ihn treten. Gott ist in der Mitte. Alles in uns schweige und sich innigst vor ihm beuge. Wer ihn kennt, wer ihn nennt, schlag die Augen nieder; kommt, ergebt euch wieder.

2. Gott ist gegenwärtig, dem die Cherubinen Tag und Nacht gebücket dienen. Heilig, heilig, heilig! singen ihm zur Ehre aller Engel hohe Chöre. Herr, vernimm unsre Stimm, da auch wir Geringen unsre Opfer bringen.

3. Wir entsagen willig allen Eitelkeiten,
   aller Erdenlust und Freuden;
   da liegt unser Wille, Seele, Leib und Leben dir zum Eigentum ergeben.
   Du allein sollst es sein, unser Gott und Herre,
   dir gebührt die Ehre.

4. Majestätisch Wesen, möcht ich recht dich preisen
   und im Geist dir Dienst erweisen.
   Möcht ich wie die Engel immer vor dir stehen
   und dich gegenwärtig sehen.
   Laß mich dir für und für trachten zu gefallen,
   liebster Gott, in allem.

5. Luft, die alles füllet, drin wir immer schweben
   aller Dinge Grund und Leben,
   Meer ohn Grund und Ende, Wunder aller Wunder:
   ich senk mich in dich hinunter.
   Ich in dir, du in mir, laß mich ganz verschwinden,
   dich nur sehn und finden.

6. Du durchdringest alles; laß dein schönstes Lichte,
   Herr, berühren mein Gesichte.
   Wie die zarten Blumen willig sich entfalten und der Sonne stille halten,
   laß mich so still und froh deine Strahlen fassen und dich wirken lassen.

7. Mache mich einfältig, innig, abgeschieden, sanft und still in deinem Frieden;
mach mich reines Herzens, daß ich deine Klarheit
schauen mag in Geist und Wahrheit;
laß mein Herz überwärts wie ein' Adler schweben und in dir nur leben.

Text: Gerhard Tersteegen (vor 1727) 1729
Melodie: Joachim Neander 1680

Gott ist gut 91

God is good, we sing and shout it, God is good, we celebrate.
God is good, no more we doubt it, God is good, we know it's true.
And when I think of his love for me my heart
fills with praise and I feel like dancing.
For in his heart there is room for me and I run with arms open'd wide.

Dieu est bon, nous voulons le crier, Dieu est bon, le célébrer
Dieu est bon, ne plus jamais en douter, Dieu est bon, oui, c'est bien vrai.
Et quand je pense à son amour pour moi,
mon coeur saute de joie, et je veux danser,
car dans son coeur, il y a place pour moi et j'y cours les bras grands ouverts.

Text und Melodie: Margret Birkenfeld
Rechte: 1973 Musikverlag Klaus Gerth, Asslar

92 Gott ist immer noch Gott

1. Gott ist immer noch Gott. Gott ist immer noch. Gott ist immer. Gott ist Gott.
2. Kommt und betet ihn an! Kommt und betet an! Kommt und betet! Betet an!
3. Er ist immer mein Herr! Er ist immer mein! Er ist immer. Er ist Herr!
4. Gott ist immer noch Gott. Gott ist immer noch. Gott ist immer. Gott ist Gott.

Text und Melodie: Eberhard Laue
Rechte: mundorgel Verlag GmbH, Köln

Gott macht sich zu uns auf 93

1. Gott macht sich zu uns auf, als Mensch wie ich und du, der Herr der ganzen Welt kommt liebend auf uns zu.
2. Gott reitet auf dem Esel, kommt nicht als Herrscher her. Ein König ohne Krone und doch der größte Herr.
3. Gott kommt, um uns zu helfen, er läßt uns nicht im Stich. Wir singen: „Hosianna: Herr, hilf, wir brauchen dich!"

Refrain: Lobt den, der da zu uns kommt! Ehrt ihn, weil er zu uns kommt! Hosianna! Hosianna! Hosianna! Hosianna!

Text: Christoph Zehendner
Melodie: Johannes Nitsch
Rechte: Hänssler-Verlag, Neuhausen-Stuttgart

94 Gott mag mich

Refrain: Gott mag mich hundertpro; wenn er für mich ist, wer kann dann gegen mich sein? Gott mag dich, hundertpro; wenn wir an seiner Seite sind, dann kann uns niemand was tun.

1. Gott mag mich, drum schenkt er mir viel, ich bin ihm viel wert, mein Leben ist ihm wichtig. Gott mag mich, ich will die Augen öffnen.
2. Gott nimmt mich an durch seinen Sohn, in ihm schenkt er Vergebung. Ich komm zu ihm mit all meiner Schuld. Er hat's mir ja versprochen.
3. Gott ist bei mir, egal wie's mir geht. Er wird mich nie verlassen. Er ist mir nah in Freud und Leid. Ich kann das gar nicht fassen.

Text und Melodie: Andreas Volz / Volker Herbster

Gott spannt leise feine Fäden 95

Text und Melodie: Clemens Bittlinger
Rechte: Abakus Schallplatten & Ulmtal Musikverlag, Greifenstein

96 Gott wurde arm für uns

Refrain Gott wurde arm für uns, Gott wurde arm für uns. Damit wir durch seine Armut reich werden, wurde Gott arm für uns.

1. Reichtum, Ehre, Karriere, Einfluß, Macht und Geld,
all das suchen wir und sind doch einsam in der Welt.
Wir sind nie zufrieden, nein, wir wollen immer mehr,
und doch bleiben unsre Herzen leer.

2. Gott ließ uns nicht laufen. Kommt und hört den Freudenton:
Als die Zeit erfüllt war, sandte Gott uns seinen Sohn.
Er verließ den Himmel, wurde Mensch, genau wie wir.
Seine Armut öffnet uns die Tür.

3. Von der Krippe bis zum Tod am Kreuz auf Golgatha
trug Gott unsre Sünde. Unsre Rettung ist nun da.
Er schenkt uns das Leben, er gibt uns Geborgenheit.
Seine Gnade trägt uns durch die Zeit.

Text und Melodie: Peter Strauch
Rechte: Hänssler-Verlag, Neuhausen-Stuttgart

Gott, du allein 97

Refrain Gott, du al-lein bist Herr-scher die-ser Welt. Kei-ne Macht zieht mich

weg, kei - ner zieht mich weg von dir __ und dei-ner Lie - be.

Dir will ich ver-traun, ein - fach auf dich baun, auch wenn Angst mich be-

fällt, grad wenn __ sie mich be-fällt, bist du __ ganz nah bei mir.

Strophe Va - ter, Va - ter, schenk mir dei-ne Lie - be, schenk mir dei - ne __ Lie-

- be, __ Lie - be. __ Va - ter, Va - ter, schenk mir dei-ne Lie - be,

schenk mir dei - ne Lie - be, __ Lie - be. __

* Das Wort „Liebe" kann durch die Worte „Gnade", „Freude", „Hoffnung" usw. ersetzt werden.

Text und Melodie: Udo Zimmermann
Rechte: Born-Verlag, Kassel

Groß ist der Herr 99

Text und Melodie: Deborah und Michael Smith
Deutsch: Klaus Heizmann
Rechte: Meadowgreen Music
Rechte für D, A, CH, Osteuropa: Rudolf Slezak Musikverlag GmbH, Hamburg

100 Groß ist unser Gott

Groß ist unser Gott, Herr der Ewigkeit.
Er allein regiert über Raum und Zeit.
Souverän herrscht er, Schöpfer dieser Welt,
der in seiner Hand unser Schicksal hält.
Sein Wort gilt für alle Zeit. Sein Reich kommt in Herrlichkeit.
Wir stehn staunend, Gott, vor dir, unser Vater.

Text und Melodie: Lothar Kosse
Rechte: Hänssler-Verlag, Neuhausen-Stuttgart

101 Groß und wunderbar

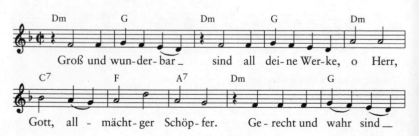

Groß und wunderbar sind all deine Werke, o Herr,
Gott, allmächtger Schöpfer. Gerecht und wahr sind

Groß und wunderbar 101

Text und Melodie: Stuart Dauermann
Deutsch: Gitta Leuschner
Originaltitel: „Great and wonderful"
Rechte: Meadowgreen Music
Rechte für D, A, CH, Osteuropa: Rudolf Slezak Musikverlag GmbH, Hamburg

102 Großes hat der Herr getan

Refrain: Großes hat der Herr getan, die Knechtschaft ist vorbei, heimwärts führt er unsre Wege, er macht uns frei.

1. Als der Herr uns heimwärts führte, geschah uns wie im Traum.
Allzu lang warn wir gefangen, fassen es noch kaum.
Lachen war in aller Munde, Freude und Gesang,
daß wir endlich heimwärts ziehen, hat der Herr getan.

2. Wandle, Herr, nun unser Leben, wandle mein Geschick,
die da säen unter Tränen, ernten einst voll Glück.
Weinend gehen sie hinaus, streun das Saatgut aus,
jubelnd kommen sie zur Ernte, bringen sie nach Haus.

Text: Clemens Bittlinger
Melodie: traditionell
Rechte (Text): Pila Music GmbH, Dettenhausen
verwaltet von: CopyCare Deutschland, Neuhausen

Hab Dank 103

Text und Melodie: Henry Smith
Deutsch: Wort des Glaubens, München
Rechte: 1978 Integrity's Hosanna Music
verwaltet in D, A, CH: Hänssler-Verlag, Neuhausen-Stuttgart

Here we are gathered 105

1. Here we are gathered together to worship you, Lord. Holy spirit lead us in one accord.
2. Father, we bless you, we bless your holy name. Praise you for your spirit, guide us this day.
3. Jesus, we love you, we love you so. Thank you for salvation, cause our love to grow.

Refrain: Hallelujah! Hallelujah! Hallelujah!

Text und Melodie: Wayne Drain
Rechte für D, A, CH: CopyCare Deutschland, Neuhausen

106 Herr, bleibe bei uns

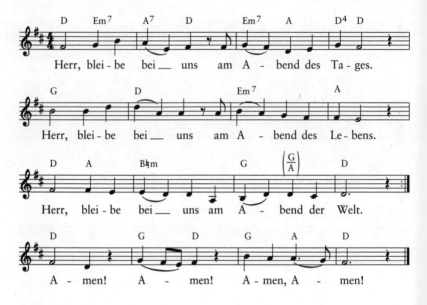

Text: traditionell
Melodie: Klaus Göttler
Rechte: Born-Verlag, Kassel

Herr, brich die Macht der Götzen   107

Text und Melodie: Brian Doerksen
Deutsch: FCJG Lüdenscheid
Rechte: 1991 Mercy Publishing, USA
Rechte für D, A, CH, FL, L: Projektion J Buch- und Musikverlag GmbH, Wiesbaden

108 Herr, das Licht deiner Liebe

1. Herr, das Licht deiner Liebe leuchtet auf, strahlt inmitten der Finsternis für uns auf. Jesus, du Licht der Welt, sende uns dein Licht. Mach uns frei durch die Wahrheit, die jetzt anbricht. Sei mein Licht, sei mein Licht!
2. Herr, voll Ehrfurcht komm ich zu deinem Thron, aus dem Dunkel ins Licht des Gottessohns. Durch sein Blut kann ich nun vor dir stehen. Prüf mich, Herr, laß mein Dunkel vergehen, sei mein Licht, sei mein Licht!
3. Schaun wir, König, zu deinem Glanze auf, dann strahlt dein Bild auf unserem Antlitz auf. Du hast Gnade um Gnade gegeben, zähl unser Leben von deinem Licht, dich widerspiegelnd erzähl unser Leben von deinem Licht, von deinem Licht!

Refrain: Jesus, dein Licht füll dies Land mit des Vaters Ehre! Komm, Heilger Geist, setz die Herzen in Brand! Fließ, Gnadenstrom, überflute dies Land mit Liebe!

Herr, das Licht deiner Liebe 108

Sen - de dein Wort, Herr, dein Licht strah - le auf!

1. Lord, the light of Your love is shining
   in the midst of the darkness, shining;
   Jesus, light of the world, shine upon us,
   set us free by the truth you now bring us,
   shine on me, shine on me.

   Refrain Shine, Jesus, shine, fill this land with the Father's glory;
   blaze, Spirit, blaze, set our hearts on fire.
   Flow, river, flow, flood the nations with grace and mercy;
   send forth Your word, Lord, and let there be light.

2. Lord, I come to Your awesome presence,
   from the shadows into Your radiance;
   by the blood I may enter Your brightness,
   Search me, try me, consume all my darkness.
   Shine on me, shine on me.

3. As we gaze on Your kingly brightness,
   so our faces display Your likeness,
   ever changing from glory to glory,
   mirrored here may our lives tell Your story.
   Shine on me, shine on me.

Text und Melodie: Graham Kendrick
Deutsch: Manfred Schmidt
Rechte: 1988 Make Way Music
Rechte für D, A, CH: Hänssler-Verlag, Neuhausen-Stuttgart

109 Herr, deine Gnade

Text und Melodie: David Ruls
Deutsch: Ute Spengler
Rechte: 1994 Mercy / Vineyard Publishing (USA)
Rechte für D, A, CH, FL, L: Projektion J Buch- und Musikverlag GmbH, Wiesbaden

Herr, deine Liebe soll uns erfüllen 110

Text und Melodie: Stephan C. Thomas
Rechte: Born-Verlag, Kassel

111 Herr, dieser Tag ist ein Geschenk

1. Herr, dieser Tag ist ein Geschenk aus deinen Händen.
Du gibst ihm seinen Lauf und wirst ihn auch vollenden. Mein Lied bringt Lob und Dank, mein Gott, zu dir. Du, der Ursprung meines Singens, schenkst es mir.

2. Du läßt mich täglich neu die schwachen Hände regen
und gibst zu meinem Tun in deiner Gnade Segen.

3. Du zeigst mir Menschen, die mich liebevoll begleiten
und meinen engen Blick für deine Größe weiten.

Text: Johannes Jourdan 1989/ Martin Krause 1994
Melodie und Satz: Stephan C. Thomas
Rechte: Evangelischer Sängerbund, Wuppertal

Herr, ich bringe dir die Welt 112

1. Herr, ich bringe dir die Welt und deine Menschen.
2. Herr, ich bringe dir die Welt und deine Menschen.
3. Herr, du kamst in diese Welt zu deinen Menschen.

Herr, ich bringe sie zu dir, nimm dich ihrer an!
Herr, ich bringe sie zu dir, nimm dich ihrer an!
Herr, du wurdest Mensch wie wir, nahmst dich unser an.

Du siehst sie laufen, du siehst sie hasten,
Sie brauchen Liebe, sie brauchen Hoffnung,
Du wurdest Retter, du wurdest Heiland,

du siehst sie suchen nach ihrem Glück.
sie brauchen Frieden, sie brauchen dich.
unser Erlöser und unser Glück.

Du siehst sie weinen, du siehst sie lachen,
Sie brauchen Freude, sie brauchen Bergung,
Du kamst in Liebe und mit Erbarmen,

du siehst sie alle. Nimm dich ihrer an!
sie brauchen Heilung. Nimm dich ihrer an!
du brachtest Hoffnung, nahmst dich unser an.

4. Herr, du schickst mich in die Welt zu deinen Menschen.
Herr, ich darf dein Bote sein, denn du lebst in mir.
Du willst sie lieben mit meinen Augen,
du willst sie heilen mit meinem Tun,
willst ihnen dienen mit meinen Händen, ihnen begegnen, ihnen nahe sein.

Text und Melodie: Kommunität Gnadenthal
Rechte: Präsenz-Verlag, Gnadenthal, Hünfelden

113 Herr, ich danke dir für diesen Tag

Herr, ich dan-ke dir für die-sen Tag, ich dan-ke dir für dei-ne Treu. Du
reichst mir im-mer wie-der dei-ne Hand und schenkst mir dei-ne Lie-be stets neu. Nun geh mit mir auch durch die-se Nacht, o Herr, ich bit-te dich. Und schenk auch mor-gen wie-der dei-ne Gnad, denn sie be-deu-tet Le-ben für mich.

Text und Melodie: Peter Rettinger
Rechte: Born-Verlag, Kassel

Herr, im Glanz deiner Majestät 114

Text und Melodie: Uwe Peters
Rechte für D, A, CH: Hänssler-Verlag, Neuhausen-Stuttgart

115 Herr, nimm mich fest in deine Arme

Text und Melodie: Udo Zimmermann
Rechte: Born-Verlag, Kassel

Herr, wir bitten: Komm und segne uns 116

Text und Melodie: Peter Strauch (1977) 1979
Rechte: Hänssler-Verlag, Neuhausen-Stuttgart

117 Herr, wir glauben, daß du wiederkommst

1. Herr, wir glauben, daß du wiederkommst, wie es uns dein Wort verspricht. Daß du allem Leid ein Ende setzt, gibt uns Mut und Zuversicht.
2. Herr, wir hoffen auf Gerechtigkeit. Brich in unsre Welt hinein. Laß uns voll Geduld in Trauer und fröhlich in der Hoffnung sein.
3. Wie die Amsel nachts den Tag besingt, weil sie spürt, der Morgen naht, woll'n wir Boten deiner Ankunft sein, glaubhaft stark in Wort und Tat.
4. Herr, wir lieben es, dein Reich zu baun und zu tun, was dein Wort sagt. Gut, daß wir in jenem Frieden stehn, der unser Denken überragt.

Text und Melodie: Twila Paris
Deutsch: Andreas Malessa
Originaltitel: „We Will Glorify"
Rechte: Singspiration Music
Rechte für D, A, CH, Osteuropa: Rudolf Slezak Musikverlag GmbH, Hamburg

Herr, wir sind Brüder 118

Refrain: Herr, wir sind Brüder auf der ganzen Welt durch dich,
Herr, wir sind Glieder an dem einen Leib durch dich!

1. Laß uns doch zusammenstehen, ungetrennte Wege gehen, in dem andern dich nur sehen durch deinen Geist.
Laß uns doch zusammenbleiben, allen Argwohn von uns treiben, daß die Liebe zu den Brüdern dich allein preist!

2. Du wirst deine Kirche bauen mit uns allen. Wir vertrauen dir und deinem Sieg am Kreuz auf Golgatha.
Wir wolln als Erlöste gehen durch den Tod zum Auferstehen, deine Kräfte glaubend sehen, was auch geschah!

Herr, wir sind Brüder auf der ganzen Welt durch dich,
Herr, wir sind Glieder an dem einen Leib durch dich! Amen, Amen, Amen, Amen.

Text und Melodie: Helga Poppe, Kreuzbruderschaft
Aus „Herr, wir sind Brüder 1-3"
Rechte: Präsenz-Verlag, Gnadenthal, Hünfelden

119 Reign in me

Text (nach Matthäus 6,10) und Melodie: Chris Bowater
Deutsch: Glaubenszentrum Bad Gandersheim
Rechte: 1985 Lifestyle Music, P.O. Box 356, Leigthon Buzzard, Beds, LU7 8WP,UK

120 Hide me in your holiness

Text und Melodie: Steve Ragsdale
Deutsch: Matthias Pfaehler
Rechte: Maranatha Music
Rechte für D, A, CH: CopyCare Deutschland, Neuhausen

121 Hilfe

1. Wenn ei-ner drin-gend Hil-fe braucht,
   weil ihm die Kraft zum Ge-hen fehlt,
   weil ihn die Angst vor Mor-gen quält,
   kein Licht-strahl zu ihm dringt.
   Dann braucht er ei-nen gu-ten Freund, der
   gra-de dann fest zu ihm steht, der zu-hört,
   hilft und mit ihm geht und ihn zu Je-sus bringt.

2. Wenn ei-ner drin-gend Hil-fe braucht,
   weil sei-ne Schuld ihn mut-los macht
   und ihn ver-folgt bei Tag und Nacht,
   weil das Ver-drän-gen nicht ge-lingt.
   Dann braucht er ei-nen gu-ten Freund, der
   ihm in Lie-be sa-gen kann:
   dich Ver-ge-bung an – und ihn zu Je-sus bringt.

3. Wenn ei-ner drin-gend Hil-fe braucht,
   weil er nicht glau-ben kann an Gott,
   nur dis-ku-tiert mit schar-fem Spott
   und da-bei ü-ber-zeu-gend klingt.
   Dann braucht er ei-nen gu-ten Freund, der
   sich ein off-nes Wort er-laubt, Hier fängt für
   be-tet, hofft und glaubt und ihn zu Je-sus bringt.

Text (nach Lukas 5,17–26): Christoph Zehendner
Melodie: Manfred Staiger
Aus „Folgen"
Rechte: Felsenfest Musikverlag, Würzburg

Hoffnung 122

1. Wenn die Sterne nicht mehr scheinen, weil der Rauch die Sicht verhüllt. Wenn es kalt wird auf der Erde und die Liebe nichts mehr gilt. Wenn das Leben nur noch Angst macht. Wenn man jeden Halt verliert, weil die Standpunkte verrutschen und der Abgrund grösser wird.

2. Wenn es aussieht als ob alles, was mal schön war, untergeht. Wenn die Katastrophen wüten, jede Rettung kommt zu spät. Wenn der Haß auf alles Fremde sich in unsre Herzen frißt. Wenn man Gottes große Liebe und das, was sie tut, vergißt.

3. Wenn es scheint als ob der Glaube nur ein grosser Irrtum war. Wenn es heißt: Gebet ist sinnlos, und wer betet, ist ein Narr. Wenn es aussieht als ob Christen ohne jede Hoffnung sind. Und wenn alle Leute sagen, daß die „neue Zeit" beginnt.

Refrain: Dann gibt es trotz allem Hoffnung, eine Hoffnung, die uns bleibt. Er wird kommen wie der Morgen, der die lange Nacht vertreibt.

Text (nach Lukas 12,54–56; 21,7–36): Albrecht Gralle
Melodie: Manfred Staiger
Aus „Folgen"
Rechte: Felsenfest Musikverlag, Würzburg

123 Höre, Israel

Höre, Israel 123

3. Bind sie zum Zei - chen an dei - ne Hän - de,
schreib sie an dei - ne Pfo - sten des Hau - ses,

3. daß sie dir vor Au - gen ste - hen,
daß sie dir vor Au - gen ste - hen.

Text und Melodie: Gunter Martin Göttsche
Rechte: Strube Verlag GmbH, München

Hosanna 124

1. Ho - san - na, ho - san - na, ho - san - na in der Hö - he.
2. Eh - re, Eh - re, Eh - re sei dem Kö - nig al - lein.

1.+2. Du bist Kö - nig und Herr, du re - gierst mit Macht!

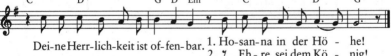

Dei-ne Herr-lich-keit ist of-fen-bar. 1. Ho-san-na in der Hö - he!
2. Eh - re sei dem Kö - nig!

Text und Melodie: Carl Tuttle
Deutsch: Helga König
Originaltitel: „Hosanna"
Rechte: 1985 Mercy/Vineyard Publishing, USA
Rechte für D, A, CH, FL, L: Projektion J Buch- und Musikverlag GmbH, Wiesbaden

125 I want to love you, Lord
(Siehe Seite nach Lied Nr. 126)

126 I want to serve the purpose of God

I want to serve the purpose of god

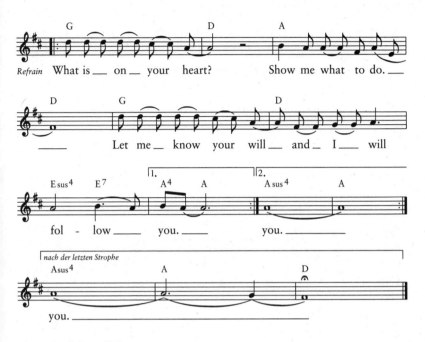

Text und Melodie: Mark Altrogge
Rechte: 1982 People of Destiny International
Administered in Europe by Thankyou Music, P.O. Box 75, Eastbourne BN23 6NW

125 I want to love you, Lord

Text und Melodie: Sam O. Scott / Randy Thomas
Rechte: Bud John Songs
Rechte für D, A, CH, Osteuropa: Rudolf Slezak Musikverlag GmbH, Hamburg

126 I want to serve the purpose of god
(Siehe Seite vor Lied Nr. 125)

I will praise you, oh Lord 127

Text und Melodie: Don Francisco
Rechte: 1988 Ariose Music / Word Music (UK)
Rechte für D, A, CH, Osteuropa: Rudolf Slezak Musikverlag GmbH, Hamburg

128 I will sing to the Lord forever

Text und Melodie: Joey Holder
Rechte: 1990 Integrity's Hosanna Music
verwaltet in D, A, CH: Hänssler-Verlag, Neuhausen-Stuttgart

129 Ich bin der Herr

1. Am Ge-bir-ge Si-na-i sprach Gott zu sei-nem Volk,
2. Sei-nen Wil-len sag-te Gott, da-mit es je-der weiß,
3. Ei-nen neu-en Bund schloß Gott am Kreuz, als Je-sus starb,
4. Häng nicht an-dern Göt-tern an! Sie brin-gen dich nicht weit.

130 Ich liege, Herr, in deiner Hut

1. Ich liege, Herr, in deiner Hut und schlafe ganz mit Frieden. Dem, der in deinen Armen ruht, ist wahre Rast beschieden.
2. Du bist's allein, Herr, der stets wacht, zu helfen und zu stillen, wenn mich die Schatten finstrer Nacht mit jäher Angst erfüllen.
3. Dein starker Arm ist ausgereckt, daß Unheil mich verschone und ich, was auch den Schlaf noch schreckt, beschirmt und sicher wohne.
4. So will ich, wenn der Abend sinkt, des Leides nicht gedenken, das mancher Erdentag noch bringt, und mich darein versenken,

5. wie du, wenn alles nichtig war, worauf die Menschen hoffen, zur Seite warst und wunderbar mir Plan und Rat getroffen.

6. Weil du der mächtge Helfer bist, will ich mich ganz bescheiden und, was bei dir verborgen ist, dir zu entreißen meiden.

7. Ich achte nicht der künftgen Angst. Ich harre deiner Treue, der du nicht mehr von mir verlangst, als daß ich stets aufs neue

8. zu kummerlosem, tiefem Schlaf in deine Huld mich bette, vor allem, was mich bitter traf, in deine Liebe rette.

9. Ich weiß, daß auch der Tag, der kommt, mir deine Nähe kündet und daß sich alles, was mir frommt, in deinen Ratschluß findet.

10. Sind nun die dunklen Stunden da, soll hell vor mir erstehen, was du, als ich den Weg nicht sah, zu meinem Heil ersehen.

11. Du hast die Lider mir berührt. Ich schlafe ohne Sorgen. Der mich in diese Nacht geführt, der leitet mich auch morgen.

Text: Jochen Klepper 1938
Melodie: Fritz Werner 1951
Rechte: Verlag Merseburger, Kassel

Ich trau auf dich, o Herr 131

Text: Psalm 31,15.16.22
Melodie: M. Warrington
Rechte: 1976 Jugend mit einer Mission Verlag, Biel

132 Ich weiß, woran ich glaube

1. Ich weiß, woran ich glaube, ich weiß, was fest besteht, ich weiß, was ewig bleibet, wo alles wankt und fällt, wo Wahn die Weisen treibet und Trug die Klugen prellt.

2. Ich weiß, was ewig dauert, ich weiß, was nimmer läßt; mit Diamanten mauert mir's Gott im Herzen fest. Die Steine sind die Worte, die Worte hell und rein, wodurch die schwächsten Orte gar feste können sein.

3. Auch kenn ich wohl den Meister, der mir die Feste baut,
   er heißt der Herr der Geister, auf den der Himmel schaut,
   vor dem die Seraphinen anbetend niederknien,
   um den die Engel dienen: ich weiß und kenne ihn.

4. Das ist das Licht der Höhe, das ist der Jesus Christ,
   der Fels, auf dem ich stehe, der diamanten ist,
   der nimmermehr kann wanken, der Heiland und der Hort,
   die Leuchte der Gedanken, die leuchten hier und dort.

5. So weiß ich, was ich glaube, ich weiß, was fest besteht
   und in dem Erdenstaube nicht mit als Staub verweht;
   ich weiß, was in dem Grauen des Todes ewig bleibt
   und selbst auf Erdenauen schon Himmelsblumen treibt.

Text: Ernst Moritz Arndt 1819
Melodie: Heinrich Schütz 1628 / 1661

Ich will dich erheben 133

Text (nach Psalm 145,1–3) und Melodie: Carsten Groß
Rechte: Born-Verlag, Kassel

134 Ich will dich loben

1. Ich will dich loben mein Leben lang und meine Hände aufheben zu dir.
2. Dich will ich ehren, nimm, Herr, mein Leben und mach du selber dir daraus ein Lob!
3. Jubel und Dank sei dir, Jesus, Erlöser, daß du dein Gnadenlicht über mich stellst!
4. Ich will dich loben mein Leben lang und meine Hände aufheben zu dir.

Refrain
Halleluja, Halleluja, Halleluja, Halleluja!
Halleluja, Halleluja, Halleluja!

Text und Melodie: Kommunität Gnadenthal
Rechte: Präsenz-Verlag, Gnadenthal, Hünfelden

135 Ich will dir danken, Herr

Ich will dir danken, Herr, unter allen Erdenvölkern. Ich will dir Loblieder singen unter den

Text: Psalm 57,10–12
Melodie: Brent Chambers
Originaltitel: „Be exalted, o God"
Rechte: 1977 Sripture in Song
Rechte für Europa: Thankyou Music, P.O. Box 75, Eastburne BN23 6NW

136 Ich will einziehn in sein Tor

Text: Psalm 100,4; 118,24
Melodie: Leona von Brethorst
Originaltitel: „I will enter His gates"
Rechte: 1976 Leona von Brethorst / Maranatha Music
Rechte (deutscher Text): 1977 Jugend mit einer Mission Verlag, Biel

Ich will loben den Herrn allezeit 137

Text (nach Psalm 34,2): Klaus Heizmann
Melodie (aus Israel): Josef Jacobson
Aus „Singt mit uns"
Originaltitel: „Viyuda le 'olam teshev"
Rechte (Text): Hänssler-Verlag, Neuhausen-Stuttgart

138 Ich will singen dem Herrn

Text und Melodie: Donya Brockway
Deutsch: Gitta Leuschner
Rechte: BMG Gospel Music, Inc.
Rechte für D, A, CH: Rudolf Slezak Musikverlag GmbH, Hamburg

Immer mehr von dir 139

Text und Melodie: Lothar Kosse
Rechte: Hänssler-Verlag, Neuhausen-Stuttgart

140 In der Stille angekommen

1. In der Stille angekommen, werd ich ruhig zum Gebet. Große Worte sind nicht nötig, denn Gott weiß ja wie's mir geht.
2. In der Stille angekommen, leg ich meine Masken ab. Und ich sage Gott ganz ehrlich, was ich auf dem Herzen hab.
3. In der Stille angekommen, schrei ich meine Angst heraus. Was mich quält und mir den Mut nimmt, all das schütt ich vor Gott aus.
4. In der Stille angekommen, nehm ich dankbar, was er gibt. Ich darf „Vater" zu ihm sagen, weil er mich unendlich liebt.

Refrain: Danken und loben, bitten und flehn. Zeit mit Gott verbringen. Die

In der Stille angekommen 140

Text: Christoph Zehendner
Melodie und Satz: Manfred Staiger
Aus „Felsenfest"
Rechte: Felsenfest Musikverlag, Würzburg

141 In dir ist Freude

In dir ist Freude 141

141 In dir ist Freude

Text: Cyriakus Schneegaß 1598
Melodie und Satz: Giovanni Giacomo Gastoldi 1591
geistlich Erfurt 1598

In dir ist mein Leben 142

Text und Melodie: Daniel Gardner
Deutsch: Mirjana Angelina / Thomas Luck
Originaltitel: „My life is in you, Lord"
Rechte: 1986 & this arr. 1991 Integrity's Hosanna! Music
verwaltet in D, A, CH: Hänssler-Verlag, Neuhausen-Stuttgart

143 In heavenly armour

Text und Melodie: Jamie Owens-Collins
Rechte: 1984 Fairhill / Word Music (UK), a Division of Word (UK)
Ltd. 9 Holdom Avenue, Bletchley, Milton Keynes MK 1 IQU, England

In my father's hand   144

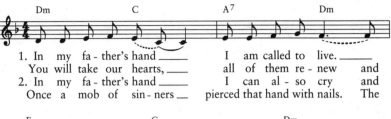

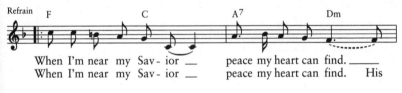

3. In my father's hand joyful I can be.
   So generous your hand Lord is to me.
   It's tender and forgiving. It never loses touch.
   My life is worth living you gave much.

Text und Melodie: April McLean.
Rechte für D, A, CH: CopyCare Deutschland, Neuhausen

145 Ins Tal

1. Ins Tal, es geht berg-ab ins Tal, es geht nur noch berg-ab. Der Wein von ge-stern schmeckt heut schal, das Le-ben liegt im Grab. Die Zeit mit ihm, sie war ein Traum, ein bun-ter Luft-bal-lon. Wir wolln auf Trüm-mern Neu-es baun. Was bleibt uns an-dres schon?!

2. Wer bist du, Frem-der, ne-ben uns? Was fragst du, was uns drückt? Bleib hier, er-weis uns die-se Gunst, da-mit die Nacht nicht siegt. Ins Tal, es geht berg-ab ins Tal, und trotz-dem gehts berg-auf. Als hör-ten wir zum er-sten Mal, schließt du Gott für uns auf.

3. Wir se-hen, was wir nie ge-sehn und ah-nen, was Gott will. Komm mit ins Haus, du darfst nicht gehn, du Frem-der oh-ne Ziel. Du sprichst mit Gott, du brichst das Brot und plötz-lich ist uns klar: Du lebst, du bist nicht län-ger tot. Ein Traum wird heu-te wahr.

Refrain Du kommst zu uns und siehst uns

Ins Tal 145

Text (nach Lukas 24,13–35): Jürgen Werth
Melodie: Johannes Nitsch
Aus „Folgen "
Rechte: Felsenfest Musikverlag, Würzburg

146 Ist Gott für mich, so trete

3. Der Grund, da ich mich gründe, ist Christus und sein Blut;
   das machet, daß ich finde das ewge, wahre Gut.
   An mir und meinem Leben ist nichts auf dieser Erd;
   was Christus mir gegeben, das ist der Liebe wert.

4. Mein Jesus ist mein Ehre, mein Glanz und schönes Licht.
   Wenn der nicht in mir wäre, so dürft und könnt ich nicht
   vor Gottes Augen stehen und vor dem Sternensitz,
   ich müßte stracks vergehen wie Wachs in Feuershitz.

5. Der, der hat ausgelöschet, was mit sich führt den Tod;
   der ist's, der mich rein wäschet, macht schneeweiß, was ist rot.
   In ihm kann ich mich freuen, hab einen Heldenmut,
   darf kein Gerichte scheuen, wie sonst ein Sünder tut.

6. Nichts, nichts kann mich verdammen,
   nichts nimmt mir meinen Mut:
   die Höll und ihre Flammen löscht meines Heilands Blut.
   Kein Urteil mich erschrecket, kein Unheil mich betrübt,
   weil mich mit Flügeln decket mein Heiland, der mich liebt.

Ist Gott für mich, so trete   **146**

7. Sein Geist wohnt mir im Herzen, regiert mir meinen Sinn,
vertreibet Sorg und Schmerzen, nimmt allen Kummer hin;
gibt Segen und Gedeihen dem, was er in mir schafft,
hilft mir das Abba schreien aus aller meiner Kraft.

Text: Paul Gerhardt 1653
Melodie: England um 1590 / geistlich Augsburg 1609

I've got peace   147

1. I've got peace like a riv-er. I've got peace like a riv-er. I've got peace like a riv-er in my soul. I've got ri-ver in my soul.
2. I've got joy like a foun-tain. I've got joy like a foun-tain. I've got joy like a foun-tain in my soul. I've got foun-tain in my soul.
3. I've got love like an o-cean. I've got love like an o-cean. I've got love like an o-cean in my soul. I've got o-cean in my soul.
4. I've got strength like an ea-gle. I've got strength like an ea-gle. I've got strength like an ea-gle in my soul. I've got ea-gle in my soul.
5. I've got peace like a riv-er. I've got joy like a ri-ver. I've got love like a ri-ver in my soul. I've got ri-ver in my soul.

Text und Melodie: Verfasser unbekannt

148 Ja, heute feiern wir

Text: Patricia Morgan
Melodie: Dave Bankhead
Deutsch: Jugend mit einer Mission
Originaltitel: „Come on and celebrate"
Rechte: 1984 Thankyou Music, P.O. Box 75, Eastbourne BN23 6NW
Rechte für D, A, CH, Fl: Hänssler-Verlag, Neuhausen-Stuttgart

150 Jerusalem, du hochgebaute Stadt

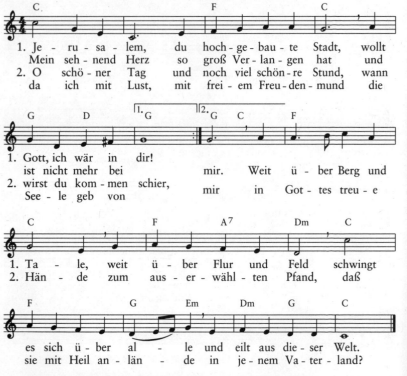

1. Jerusalem, du hochgebaute Stadt, wollt Gott, ich wär in dir!
Mein sehnend Herz so groß Verlangen hat und ist nicht mehr bei mir.
Weit über Berg und Tale, weit über Flur und Feld
schwingt es sich über alle und eilt aus dieser Welt.

2. O schöner Tag und noch viel schönre Stund, wann wirst du kommen schier,
da ich mit Lust, mit freiem Freudenmund die Seele geb von mir
in Gottes treue Hände zum auserwählten Pfand,
daß sie mit Heil anlände in jenem Vaterland?

3. O Ehrenburg, nun sei gegrüßet mir, tu auf der Gnaden Pfort!
Wie große Zeit hat mich verlangt nach dir, eh ich bin kommen fort
aus jenem bösen Leben, aus jener Nichtigkeit
und mir Gott hat gegeben das Erb der Ewigkeit.

4. Wenn dann zuletzt ich angelanget bin im schönen Paradeis,
von höchster Freud erfüllet wird der Sinn, der Mund von Lob und Preis.
Das Halleluja reine man spielt in Heiligkeit,
das Hosianna feine ohn End in Ewigkeit

5. mit Jubelklang, mit Instrumenten schön, in Chören ohne Zahl,
daß von dem Schall und von dem süßen Ton sich regt der Freudensaal,
mit hunderttausend Zungen, mit Stimmen noch viel mehr,
wie von Anfang gesungen das große Himmelsheer.

Text: Johann Matthäus Meyfart 1626
Melodie: Melchior Franck 1663, Darmstadt 1698

Jesus ist kommen 151

1. Jesus ist kommen, Grund ewiger Freude;
A und O, Anfang und Ende steht da.
Gottheit und Menschheit vereinen sich beide;
Schöpfer, wie kommst du uns Menschen so nah!
Himmel und Erde, erzählet's den Heiden:
Jesus ist kommen, Grund ewiger Freuden.

2. Jesus ist kommen, nun springen die Bande,
Strikke des Todes, die reißen entzwei.
Unser Durchbrecher ist nunmehr vorhanden;
er, der Sohn Gottes, der machet recht frei,
bringet zu Ehren aus Sünde und Schande;
Jesus ist kommen, nun springen die Bande.

3. Jesus ist kommen, der starke Erlöser,
bricht dem gewappneten Starken ins Haus,
sprenget des Feindes befestigte Schlösser,
führt die Gefangenen siegend heraus.
Fühlst du den Stärkeren, Satan, du Böser?
Jesus ist kommen, der starke Erlöser.

4. Jesus ist kommen, der Fürste des Lebens,
sein Tod verschlinget den ewigen Tod.
Gibt uns, ach höret's doch ja nicht vergebens,
ewiges Leben, der freundliche Gott.
Glaubt ihm, so macht er ein Ende des Bebens.
Jesus ist kommen, der Fürste des Lebens.

Text: Johann Ludwig Konrad Allendorf 1736
Melodie: Köthen um 1733, Wernigerode 1766

152 Jesus lebt

1. Drei Frauen auf dem Friedhof im ersten Dämmerlicht. Drei Tage schon getrauert, sie fassen es noch nicht. Doch vor dem Grab — unglaublich — da fehlt der grosse Stein. Was soll das bloß bedeuten? Bestürzt sehn sie hinein. Die Leiche ist verschwunden. Die drei verzweifeln schier. Da

2. Ein Loblied auf den Lippen, so eiln sie in die Stadt. Jetzt sollen alle hören, was sich ereignet hat. Sie stehen vor den Jüngern und sprudeln es heraus: „Das Wunder ist geschehen, er sagte es voraus!" „Geschwätz", die Jünger zweifeln. „Ihr habt geträumt, ganz klar." Erst

3. Nachts, zu später Stunde, kehrt er bei ihnen ein. Die Jünger fragen ängstlich: Wer mag der Gast wohl sein? „Ich bin's, seht selbst", sagt Jesus. „Was Gott versprach, geschah. Ihr seid nicht mehr alleine, ich bin euch immer nah. Mein Geist wird euch begleiten, wird Kraft und Hilfe sein. Er-

Jesus lebt 152

hörn sie Got- tes Bo - ten: „Freut euch, er ist nicht hier!"
als er vor dem Grab steht, sieht Pe- trus: Es ist wahr!
zählt, was ihr er- lebt habt, in al - le Welt hin - ein!"

Refrain Ja, er ist auf - er - stan - den. Je - sus lebt!

Ja, er ist auf - er - stan - den. Je - sus lebt!

Ja, er ist auf - er - stan - den. Je - sus lebt!

Text: (nach Lukas 24,1–12.36–48): Christoph Zehendner
Melodie: Manfred Staiger
Aus „Folgen"
Rechte: Felsenfest Musikverlag, Würzburg

154 Jesus, die Sonne, das strahlende Licht

Refrain: Jesus, die Sonne, das strahlende Licht! Jesus, die Freude, die Mauern durchbricht! Die auf ihn schauen, werden sein wie die Sonne, wie sie aufgeht in ihrer Pracht, wie sie aufgeht in ihrer Pracht.

1. Als um mich war ein Gefängnis von Angst und Traurigkeit, da führte aus der Bedrängnis mich Gottes Freundlichkeit.
2. Für Gott ist doch nichts unmöglich, er will mir Gutes tun. Durch ihn allein bin ich glücklich, kann bei ihm sicher ruhn.
3. Gott läßt meinen Fuß nicht gleiten, nie schläft und schlummert er, umgibt mich von allen Seiten mit seinem Engelheer.
4. Es mögen sich freuen alle und rühmen Gottes Gnad mit fröhlichem Jubelschalle, weil er gesegnet hat.

Text: Sr. Ursel Aul 1980
Melodie: Sr. Christel Schröder 1980
Rechte: Diakonissenmutterhaus Aidlingen

155 Jesus, dir gehört mein Leben

Text: Lars Mörlid / Peter Sandwall
Melodie und Satz: Peter Sandwall
Deutsch: Helmut Mülnikel
Originaltitel: „Mitt liv - min lovsang"
Rechte: 1984 Lars Mörlid / Peter Sandwall, Schweden
Rechte für D, A, CH: Hänssler-Verlag, Neuhausen-Stuttgart

156 Jesus, du bist Herr

Text und Melodie: Rick Founds
Deutsch: Roland Werner / Christus-Treff
Originaltitel: „Jesus, you are Lord"
Rechte: 1989 Maranatha Music
administered by CopyCare Deutschland, Neuhausen

Jesus, du bist König 157

Text und Melodie (aus dem Dänischen): unbekannt
Deutsch: Glaubenszentrum Bad Gandersheim
Originaltitel: „Jesus, du er Konig"
Rechte (deutscher Text): Glaubenszentrum Bad Gandersheim

158 Jesus, du bist so gut zu mir

Text und Melodie: Don Newby

Jesus, in deinem Namen ist die Kraft 159

1. Jesus, in deinem Namen ist die Kraft, Jesus, die selbst die Blinden sehend macht. Der Name Jesus ist erfüllt von Herrlichkeit. Jesus, Gott von Ewigkeit!

Jesus, in deinem Namen liegt das Heil. Jesus, mein Lob wird dir allein zuteil. O Jesus, du bist die Gerechtigkeit, Leben in alle Ewigkeit!

2. Jesus, mein König, der bald wiederkehrt, Jesus, mein Herz nur dich allein begehrt. Dem Namen Jesus singen wir für alle Zeit. Jesus, Herr der Herrlichkeit!

Text und Melodie: Tommy Coomes
Deutsch: Wort des Glaubens, München
Originaltitel: „Jesus, you are the sweetest name of all"
Rechte: 1980 Maranatha Music.
Rechte für D, A, CH: CopyCare Deutschland, Neuhausen

160 Jesus, Name aller Namen

Text und Melodie: Kommunität Gnadenthal
Rechte: Präsenz-Verlag, Gnadenthal, Hünfelden

161 Jesus, wir feiern deinen Sieg am Kreuz

Jesus, wir feiern deinen Sieg am Kreuz 161

Text und Melodie: John Gibson
Deutsch: Albert Frey
Rechte: 1987 Thankyou Music, P.O. Box 75, Eastborne BN23 6NW
Rechte für D, A, CH, FL: Hänssler-Verlag, Neuhausen-Stuttgart

162 Jesus, wir sehen auf dich

1. Jesus, wir sehen auf dich. Deine Liebe, die will uns verändern, und in uns spiegelt sich deine Herrlichkeit. Jesus, wir sehen auf dich.
2. Jesus, wir hören auf dich. Du hast Worte des ewigen Lebens, und wir haben erkannt: Du bist Christus. Jesus, wir hören auf dich.
3. Jesus, wir warten auf dich. Du wirst kommen nach deiner Verheißung. Alle Menschen, sie werden dich sehen. Jesus, wir warten auf dich.

Text und Melodie: Peter Strauch
Rechte: Hänssler-Verlag, Neuhausen-Stuttgart

Jesus, you're everything to me 163

Text und Melodie: Lothar Kosse
Deutsch: Cary und Albert Frey
Rechte: Hänssler-Verlag, Neuhausen-Stuttgart

164 Jesus, zu dir kann ich so kommen

165 Klatscht in die Hände

Text (nach Johannes 12,31.32; Kolosser 2,15) und Melodie: Werner Schroll
Rechte: Hänssler-Verlag, Neuhausen-Stuttgart

Komm in unsre Mitte 166

Text und Melodie: Christlicher Jugendbund in Bayern
Rechte: Christlicher Jugendbund in Bayern, Puschendorf

167 Komm, Heilger Geist

Refrain Komm, Heil-ger Geist, mit dei-ner Kraft, die uns ver-bin-det und

Le - ben schafft.
1. Wie das Feu - er sich ver - brei - tet
2. Wie der Sturm, so un - auf - halt - sam
3. Schen - ke uns von dei - ner Lie - be,

und die Dun - kel - heit er - hellt, so soll uns dein
dring in un - ser Le - ben ein. Nur wenn wir uns
die ver - traut und die ver - gibt. Al - le spre - chen

Geist er - grei - fen, um - ge - stal - ten uns - re Welt.
nicht ver - schlie - ßen, kön - nen wir dei - ne Kir - che sein.
ei - ne Spra - che, wenn ein Mensch den an - dern liebt.

Text: Klaus Okonek / Joachim Raile
Melodie: Sara Levy-Tanai
Rechte (Text): bei den Autoren
Rechte (Melodie): Sara Levy-Tanai, Israel

168 Komm, wir brechen auf

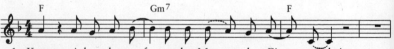

1. Komm, wir bre-chen auf aus den Mau-ern der Ein-sam-keit.
2. Komm, wir las-sen los, was uns im-mer noch fest-hält.
3. Komm mit mir her-aus aus den al-ten Zwän-gen.

Komm, wir brechen auf 168

Text: Günter Mahler
Melodie: Dieter Falk
Rechte: Pila Music GmbH, Dettenhausen
verwaltet von: CopyCare Deutschland, Neuhausen

Text und Melodie: Claire Cloninger / Martin J. Nystrom
Deutsch: Ken Janz / Martin Pepper
Originaltitel: „Come to the table"
Rechte: 1991 Integrity's Hosanna! Music / Word Music (UK) / CopyCare Ltd.
Rechte für D, A, CH: Hänssler-Verlag, Neuhausen-Stuttgart / CopyCare Deutschland, Neuhausen

Kommt doch zum Fest der Freude   170
(siehe Seite nach Lied Nr. 171)

Kommt und hört   171

1. Kommt und hört von der Gü-te uns-res Herrn. Kommt und hört, kommt und hört! Jesus ist die Tür, öffnet uns den Weg zu Gott und ging auf dem Weg voran.
2. Kommt und seht die Gü-te uns-res Herrn. Kommt und seht, kommt und seht! Jesus ist das Brot, gab sich selbst dahin für uns, er nahm uns-re Schuld auf sich.
3. Kommt und singt von der Gü-te uns-res Herrn. Kommt und singt, kommt und singt! Jesus ist das Licht, strahlt in uns-re Dunkelheit, ihm ist alles offenbar.
4. Kommt und hört von der Gü-te uns-res Herrn. Kommt und seht, kommt und singt!

Text und Melodie: Carsten Groß
Rechte: Born-Verlag, Kassel

170 Kommt doch zum Fest der Freude

Kommt doch zum Fest der Freude 170

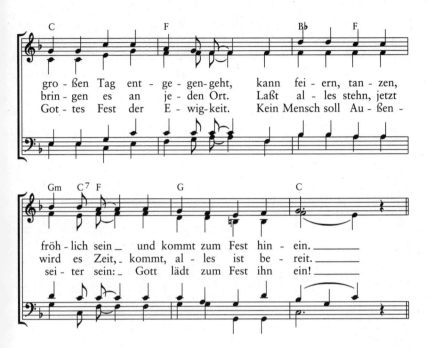

Text und Musik: Michael Wittig
Satz: Jürgen Groth
Rechte: Born-Verlag, Kassel

Kommt und hört 171
(siehe Seite vor Lied Nr. 170)

172 Kommt, atmet auf

Refrain: Kommt, atmet auf, ihr sollt leben. Ihr müßt nicht mehr verzweifeln, nicht länger mutlos sein. Gott hat uns seinen Sohn gegeben. Mit ihm kehrt neues Leben bei uns ein.

1. Ihr, die ihr seit langem nach dem Leben jagt und bisher vergeblich Antworten erfragt, hört die gute Nachricht, daß euch Christus liebt, daß er eurem Leben Sinn und Hoffnung gibt.

2. Ihr seid eingeladen. Gott liebt alle gleich. Er trennt nicht nach Farben, nicht nach arm und reich. Er fragt nicht nach Rasse, Herkunft und Geschlecht. Jeder Mensch darf kommen, Gott spricht ihn gerecht.

3. Noch ist nichts verloren, noch ist Rettung nah. Noch ist Gottes Liebe für uns Menschen da. Noch wird Leben finden, wer an Jesus glaubt. Noch wird angenommen, wer ihm fest vertraut.

Text und Melodie: Peter Strauch 1993
Rechte: Hänssler-Verlag, Neuhausen-Stuttgart

Laß mich am Morgen hören 173

Text (nach Psalm 143,8) und Melodie: Carsten Groß
Rechte: Born-Verlag, Kassel

174 Laudate omnes gentes

Laudate omnes gentes, laudate Dominum.
Laudate omnes gentes, laudate Dominum.

Lob-singt, ihr Völker alle, lob-singt und preist den Herrn,
lob-singt, ihr Völker alle, lob-singt und preist den Herrn.

Text (nach Psalm 117,1), Melodie und Satz: Jaques Berthier, Taizé 1978
Rechte: Christophorus-Verlag, Freiburg i. Br.

175 Levi

1. Er saß an seinem Arbeitsplatz, und er kassierte Geld.
   Man haßte ihn, und wer ihn sah, tat
   Er sammelte die Münzen ein und

2. Der Arbeitstag war fast vorbei, die Schatten wurden lang.
   Er war mit den Gedanken oft weit weg und fragte sich,
   Was wäre, wenn ich irgendwann was
   Da kam ein Mann, blieb vor ihm stehn, und Levi sah ihn an.
   Er hatte schon von ihm gehört, daß

3. Ein Satz war's nur, und weiter nichts: „Komm mit und folge mir!"
   Doch dieser Satz kam bei ihm an, als spräche Gott durch diesen Mann.
   Und er ging sofort mit, und er ging sofort mit.
   An diesem Abend gabs ein Fest. Er lud Kollegen ein.
   Auch Jesus kam noch, aß und trank, und Levi sagte: „Gott sei Dank,
   daß du gekommen bist, daß du gekommen bist!"

Text (nach Lukas 5,27–32): Albrecht Gralle
Melodie: Manfred Staiger
Aus „Folgen"
Rechte: Felsenfest Musikverlag, Würzburg

176 Licht bricht durch

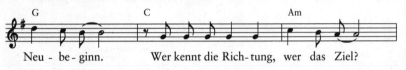

Text und Melodie: Heinrich Christian Rust
Rechte: Oncken Verlag, Wuppertal

Lob Gott getrost mit Singen 177

3. Kann und mag auch verlassen ein Mutter je ihr Kind
und also gar verstoßen, daß es kein Gnad mehr find't?
Und ob sich's möcht begeben, daß sie so gar abfiel:
Gott schwört bei seinem Leben, er dich nicht lassen will.

4. Darum laß dich nicht schrecken, o du christgläubge Schar!
Gott wird dir Hilf erwecken und dein selbst nehmen wahr.
Er wird sei'm Volk verkünden sehr freudenreichen Trost,
wie sie von ihren Sünden sollen werden erlöst.

5. Es tut ihn nicht gereuen, was er vorlängst gedeut',
sein Kirche zu erneuen in dieser fährlich Zeit.
Er wird herzlich anschauen dein Jammer und Elend,
dich herrlich auferbauen durch Wort und Sakrament.

6. Gott solln wir fröhlich loben, der sich aus großer Gnad
durch seine milden Gaben uns kundgegeben hat.
Er wird uns auch erhalten in Lieb und Einigkeit
und unser freundlich walten hier und in Ewigkeit.

Text: Bömische Brüder 1544
Melodie: 16. Jh. „Entlaubt ist uns der Walde";
geistlich Nürnberg um 1535, Bömische Brüder 1544
bei Otto Riethmüller 1932

178 Lob, Anbetung, Ruhm und Ehre

Refrain: Lob, Anbetung, Ruhm und Ehre sei dir in Ewigkeit!
Preis und Jubel deinem Namen, König der Herrlichkeit!

1. Mächtig bist du, der du das All regierst,
   mit starker Hand Völkergeschicke führst.
   Vor dir erbebt Himmel und Erd und Meer.
   Alles, was lebt, muß sagen: Du bist Herr!

2. Heilig bist du, der in der Höhe thront,
   unter dem Lob der Engelheere wohnt.
   Wer maßt sich an, bei ewger Glut zu stehn?
   Wer kann den Herrn in seiner Schöne sehn?

3. Liebe bist du, die stark und ewig liebt
   und überfließt auf den, der dich betrübt,
   göttliche Lieb', die in den Tod sich gibt,
   die um uns wirbt und uns nach Hause liebt!

Text und Melodie: Kommunität Gnadenthal
Rechte: Präsenz-Verlag, Gnadenthal, Hünfelden

Lobpreiset unsern Gott 179

1. Lobpreiset unsern Gott, singet ihm ein neues Lied,
   der uns aus aller Not in seine Liebe rief!
   Refrain: „Freuet euch, ich komm mit Macht und Herrlichkeit. Blicket auf und glaubt, mein Tag ist nicht mehr weit. Ich komm."

2. Er hat uns selbst gesagt: „Der Vater hat euch lieb.
   Darum seid unverzagt, stellt euch auf meinen Sieg.
   Refr.: „Freuet euch, ..."

3. Wer meiner Kraft vertraut, wird meine Wunder sehn,
   und meine Herrlichkeit wird allzeit mit ihm gehn.
   Refr.: „Freuet euch, ..."

4. In der Welt, da habt ihr Angst, doch ich habe sie besiegt!
   Wer meinem Namen traut, der ist es, der mich liebt.
   Refr.: „Freuet euch, ..."

5. Meine Freude sei mit euch, auch in Dunkelheit und Streit.
   Und meine Siegesmacht führt euch in Herrlichkeit."
   Refr.: „Freuet euch, ..."

Text und Melodie: Kommunität Gnadenthal
Rechte: Präsenz-Verlag, Gnadenthal, Hünfelden

180 Lobt Gott, ihr Christen alle gleich

1. Lobt Gott, ihr Christen alle gleich, in seinem höchsten Thron, der heut schließt auf sein Himmelreich und schenkt uns seinen Sohn, und schenkt uns seinen Sohn.

2. Er kommt aus seines Vaters Schoß und wird ein Kindlein klein, er liegt dort elend, nackt und bloß in einem Krippelein, in einem Krippelein.

3. Er äußert sich all seiner G'walt, wird niedrig und gering und nimmt an eines Knechts Gestalt, der Schöpfer aller Ding, der Schöpfer aller Ding.

4. Er wechselt mit uns wunderlich: Fleisch und Blut nimmt er an und gibt uns in seins Vaters Reich die klare Gottheit dran, die klare Gottheit dran.

5. Er wird ein Knecht und ich ein Herr; das mag ein Wechsel sein! Wie könnt es doch sein freundlicher, das herze Jesulein, das herze Jesulein!

6. Heut schließt er wieder auf die Tür zum schönen Paradeis; der Cherub steht nicht mehr dafür. Gott sei Lob, Ehr und Preis, Gott sei Lob, Ehr und Preis.

Text und Melodie: Nikolaus Herman 1560 / 1554

182 Love the Lord, your God

Text (nach Matthäus 12,30) und Melodie: mündlich überliefert

Man sagt, er war ein Gammler 183

1. Man sagt, er war ein Gammler. Er zog durch das ganze Land,
rauhe Männer im Gefolge, die er auf der Straße fand.
Niemand wußte, wo er herkam, was er wollte, was er tat.
Doch man sagte: Wer so redet, ist gefährlich für den Staat.

2. Man sagt, er war ein Dichter. Seine Worte hatten Stil.
Wer ihn hörte, schwieg betroffen, und ein Sturm war plötzlich still.
Seine Bilder und Vergleiche waren schwierig zu verstehn,
doch die Leute saßen stundenlang, ihn zu hören und zu sehn.

3. Man sagt, er war ein Zauberer. An Wundern fehlt es nicht.
Er ging zu Fuß auf einem See und gab den Blinden Augenlicht,
machte Wein aus klarem Wasser, kannte Tricks mit Fisch und Brot.
Und er sprach von einer Neugeburt, weckte Menschen auf vom Tod.

4. Man sagt, er war Politiker, der rief: Ich mach euch frei!
Und die Masse wollte gern, daß er ihr neuer König sei.
Er sprach laut von Korruption und wies auf Unrecht offen hin,
doch man haßte seinen Einfluß, und so kreuzigten sie ihn.

5. Er ist der Sohn des Höchsten. Doch er kam, um Mensch zu sein,
offenbarte Gottes Art, um uns aus Sünde zu befrein.
So hab ich ihn erfahren, ich begann ihn so zu sehn.
Und ich meine, es wird Zeit - wir sollten ihm entgegengehn.

Text und Melodie: Larry Norman
Deutsch: Andreas Malessa
Rechte: 1973 GLENWOOD MUSIC / STRAW BEB MUSIC (USA)
Rechte für D, A, CH: Edition Accord Musikverlag, Hamburg

184 Mehr Liebe, mehr Vollmacht

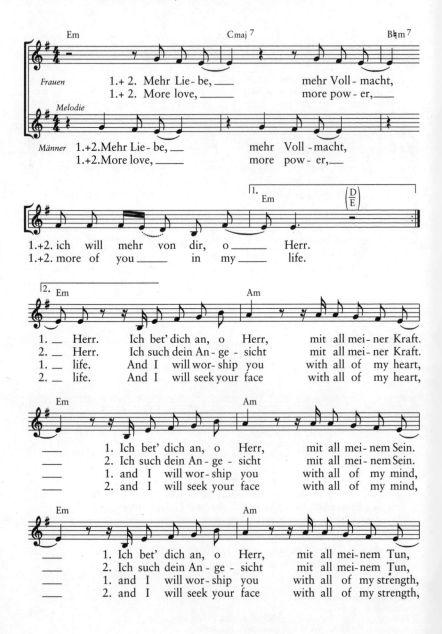

Mehr Liebe, mehr Vollmacht 184

1.+2. denn du bist mein Gott.
1.+2. for you are my Lord.

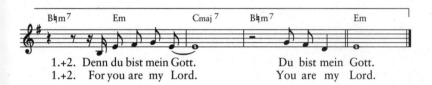

1.+2. Denn du bist mein Gott.   Du bist mein Gott.
1.+2. For you are my Lord.   You are my Lord.

Text und Melodie: Jude del Hierro
Deutsch: Ute Spengler
Rechte: 1987 Mercy / Vineyard Publishing, USA
Rechte für D, A, CH, FL, L: Projektion J Buch- und Musikverlag GmbH, Wiesbaden

185 Meine Hoffnung und meine Freude

Mei- ne Hoff- nung und mei- ne Freu- de, meine Stär- ke, mein
In the Lord I'll be ev- er thank- ful, in the Lord, I will re-
O ma joie et mon es- pér- an- ce, le Sei- gneur est mon

Licht, Chri- stus, mei- ne Zu- ver- sicht, auf dich ver- trau ich
joice! Look to him, do not be a- fraid; in him re- joic- ing:
chant; c'est de lui que vient le par- don, en lui j'es- pé- re

und fürcht mich nicht, auf dich ver- trau ich und fürcht mich nicht.
The Lord is near, in him re- joic- ing: The Lord is near.
je n'ai pas peur, en lui j'es- pé- re je n'ai pas peur.

Text und Melodie: Jaques Berthier
Rechte: Christophorus-Verlag, Freiburg i. Br.

186 Meine Seele ist stille in dir

1.- 4. Mei- ne See- le ist stil- le in dir,

187 Meine Zeit steht in deinen Händen

Meine Zeit steht in deinen Händen

Text und Melodie: Peter Strauch
Bearbeitung: Gordon Schultz
Rechte: Hänssler-Verlag, Neuhausen-Stuttgart

188 Mensch, es ist dir gesagt

Refrain: Mensch, es ist dir gesagt, was gut ist, was gut ist. Mensch, es ist dir gesagt, was gut ist.

1. Nichts scheint heute mehr zu gelten, sind die Werte aufgebraucht? Und in eins, zwei, drei, vier Wellen scheint das Gute abgetaucht. Bürgerkriege in den Herzen stören, fressen den Verstand. Allerletzte Hoffnungskerzen, sie entglimmen unsrer Hand.

2. Viele Menschen, viele Worte, was ist nun tatsächlich gut? Viele Menschen, viele Worte, doch, wer macht mir wirklich Mut? Mut zu leben, Mut zu atmen, Mut, den ersten Schritt zu gehn? Auf die Worte will ich hören, die mir helfen aufzustehn.

3. Worte, die die Welt erschufen, helfen uns auch aufzusehn, weil sie uns ins Leben rufen, die wir träge abseits stehn, führen uns zu neuem Handeln und erfüllen uns mit Kraft. Worte, die ein Herz verwandeln, atmen Gottes Leidenschaft.

Text und Melodie: Clemens Bittlinger
Rechte: Pila Music GmbH, Dettenhausen
verwaltet von: CopyCare Deutschland, Neuhausen

Nach des Tages Last 189

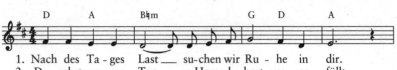

1. Nach des Tages Last — suchen wir Ruhe in dir.
2. Du sahst unser Tun, — o Herr, du hast es erfüllt,
3. Nach des Tages Last — finden wir Ruhe in dir.

Du, Herr Jesus, hast — den wahren Frieden bei dir.
läßt uns in dir ruhn, — von deinem Segen umhüllt.
Du, Herr, schenkst uns Rast — und tiefen Frieden mit dir.

Du warst mit uns diesen — Tag, hast uns gesegnet ohne — Ende. Alle Arbeit,
Herr, wir geben dir zurück den ganzen Tag mit seinen — Mühen. Du allein bist
Du allein bist unser — Ziel, darum erheben wir die — Hände: Deine Gnade,

Freud und Klag legen wir jetzt in deine — Hände.
unser Glück, willst uns durch alles zu dir — ziehen.
deine — Treu laß uns anbeten ohne — Ende!

Text und Melodie: Kommunität Gnadenthal
Rechte: Präsenz-Verlag, Gnadenthal, Hünfelden

190 Nach dir, o Herr

Nach dir, o Herr 190

2. Herr, zeige mir deine Wege, Herr, lehre mich deine Stege!
3. Herr, gedenke nicht der Sünden meiner Jugend.
   Herr, gedenke nicht der Sünden meiner Jugend.
4. Die Wege des Herrn sind lauter Güte, die Wege des Herrn sind lauter Treue.

Text (nach Psalm 25) und Melodie: Charles F. Mource

Neu wie am Anfang 191

1. Neu wie am An - fang strahlt uns der Mor - gen,
   Am - sel be - grüßt ihn froh mit Ge - sang.
   Dank für das Sin - gen, Dank für den Mor - gen,
   Gott, für dein Schaf - fen sa - gen wir Dank.

2. Mild fällt vom Him - mel fun - kelnd der Re - gen,
   wie fri - scher Tau einst aufs er - ste Gras.
   Dank für die Fel - der, feucht von dem Se - gen,
   in dei - ner Fuß - spur, reich oh - ne Maß!

3. Uns scheint die Son - ne, uns strahlt der Mor - gen,
   Licht von dem Licht, das E - den einst sah.
   Dankt vol - ler Ju - bel, dankt je - den Mor - gen,
   preist un - sern Schöp - fer, Hal - le - lu - ja!

Text: Eleanor Farjeon
Melodie: gälische Melodie
Deutsch: Rudolf Kassühlke
Rechte (deutscher Text): beim Autor

192 Nicht, daß wir schon alles wissen

1. Nicht, daß wir schon alles wissen oder alles klarer sehn, daß wir klüger sind als andre um uns her; nicht, daß wir schon längst erhaben über allen Zweifeln stehn. Nein, was wir zu sagen haben, ist ganz anders, ist viel mehr:

2. Nicht, daß unsre Liebe alles andre in den Schatten stellt, nicht, daß keiner unter uns mehr straucheln kann; oder, daß wir besser sind als andre Menschen auf der Welt. Nein, wir sind bestimmt nicht besser, aber wir sind besser dran.

3. Nicht, daß wir als erste schon im Himmel angekommen sind, nicht, daß wir der Weg zu Gott sind und die Tür; nicht, daß irgendwer uns folgen soll und daß uns jemand dient. Nein, wenn irgendwer zu dienen und zu helfen hat, dann wir.

Refrain: Daß Jesus der Herr ist, der uns zu sich zieht trotz Zweifeln und Schwächen und Fragen; daß er jeden ruft, sich um jeden bemüht: das haben wir zu sagen, das haben wir zu sagen.

Text (nach 2. Korinther 4,5) und Melodie: Manfred Siebald
Rechte: Hänssler-Verlag, Neuhausen-Stuttgart

Nimm ein das gute Land 193

Text und Melodie: Mark Pendergrass
Deutsch: Gitta Leuschner
Originaltitel: „Lay hold"
Rechte: BMG Gospel Music, Inc.
Rechte für D, A, CH: Rudolf Slezak Musikverlag GmbH, Hamburg

194 Nun danket alle Gott

1. Nun danket alle Gott mit Herzen, Mund und Händen, der uns von Mutterleib und Kindesbeinen an unzählig viel zugut bis hierher hat getan.
2. Der große Dinge tut an uns und allen Enden, der uns bei unserm Leben seiner Gnad erhalten fort und fort uns aus aller Not erlösen hier und dort.
3. Lob, Ehr und Preis sei Gott dem Vater und dem Sohne und Gott dem Heilgen Geist im höchsten Himmelsthrone, ihm, dem dreiein'gen Gott, wie es im Anfang war und ist und bleiben wird so jetzt und immerdar.

Text und Melodie: Martin Rinckart (um 1630) 1636
Melodiefassung: Johann Crüger 1647

195 Nun gehören unsre Herzen
(siehe Seite nach Lied Nr. 196)

Nun ruht die Arbeit 196

1. Nun ruht die Arbeit, ein Tag geht zu Ende. Und wir
2. Dank für den Glanz, den der Herr uns bereitet: Blumen,
   Doch auf dem Heimweg wir denken schon wieder voller
   Müde sind Augen und müde die Hände, möchten

1. fragen: Lohnt das Jagen?   *Refrain* O Herr, der Tag war
   rasten   nach dem Hasten.
2. Wälder, Berge, Felder!   O Herr, du nimmst mich
   Sorgen an den Morgen.

lang und so schwer, und doch, sieh, meine
auf, wie ich bin, und machst die leeren

|1. Hände, die sind leer! |2. Hände zum Gewinn!

3. Segne den Nachbarn, den Armen und Kranken,
   auch im Leiden schenk uns Freuden!
   Wach über Schienen, Straßen und Meere,
   schenk Vergeben bösem Streben!

4. Herr, es ist dunkel, und Nacht will es werden.
   Laß uns sehen, wo wir stehen!
   Trage mit uns alle Not und Beschwerden,
   und schenk allen dein Gefallen!

Text: Heinz Perne (Strophen 1,2b,4) / H.-G. Pappe (Strophen 2a,3)
Melodie: Hartmut Wortmann
Rechte: Lahn-Verlag, Limburg

195 Nun gehören unsre Herzen

1. Nun gehören unsre Herzen ganz dem Mann von Golgatha, das Geheimnis des Gerichtes über aller Menschen Schuld, das Ge-
der in bittern Todesschmerzen das Geheimnis Gottes sah,
2. Nun in heilgem Stille schweigen stehen wir auf Golgatha. Wunder, das geschah, als der Freie ward zum Knechte und der Größte ganz gering, als für
Tief und tiefer wir uns neigen vor dem

Nun gehören unsre Herzen   195

1. heim-nis neu-en Lich-tes aus des Va-ters ew-ger Huld.
2. Sün-der der Ge-rech-te in des To-des Ra-chen ging.

3. Doch ob tausend Todesnächte liegen über Golgatha,
   ob der Hölle Lügenmächte triumphieren fern und nah,
   dennoch dringt als Überwinder Christus durch des Sterbens Tor;
   und die sonst des Todes Kinder, führt zum Leben er empor.

4. Schweigen müssen nun die Feinde vor dem Sieg von Golgatha.
   Die begnadigte Gemeinde sagt zu Christi Wegen: Ja!
   Ja, wir danken deinen Schmerzen; ja, wir preisen deine Treu;
   ja, wir dienen dir von Herzen; ja, du machst einst alles neu.

Text: Friedrich von Bodelschwingh 1938
Melodie: Richard Lörcher (1946) 1949
Satz: Paul Ernst Ruppel (1950)
Rechte (Text): mundorgel Verlag, GmbH, Köln
Rechte (Musik): Verlag Merseburger, Kassel

Nun ruht die Arbeit   196
(siehe Seite vor Lied Nr. 195)

197 O komm, du Geist der Wahrheit

1. O komm, du Geist der Wahrheit, und kehre bei uns ein,
   Gieß aus dein heilig Feuer, rühr Herz und Lippen an,
   daß jeglicher getreuer den Herrn bekennen kann.

2. O du, den unser größter Regent uns zugesagt:
   komm zu uns, werter Tröster, und mach uns unverzagt.
   Gib uns in dieser schlaffen und glaubensarmen Zeit
   die scharf geschliffnen Waffen der ersten Christenheit.

3. Unglaub und Torheit brüsten sich frecher jetzt als je;
   darum mußt du uns rüsten mit Waffen aus der Höh.
   Du mußt uns Kraft verleihen, Geduld und Glaubenstreu
   und mußt uns ganz befreien von aller Menschenscheu.

4. Es gilt ein frei Geständnis in dieser unsrer Zeit,
   ein offenes Bekenntnis bei allem Widerstreit,
   trotz aller Feinde Toben, trotz allem Heidentum
   zu preisen und zu loben das Evangelium.

5. In aller Heiden Lande erschallt dein kräftig Wort,
   sie werfen Satans Bande und ihre Götzen fort;
   von allen Seiten kommen sie in das Reich herein;
   ach, soll es uns genommen, für uns verschlossen sein?

6. Du Heilger Geist, bereite ein Pfingstfest nah und fern;
   mit deiner Kraft begleite das Zeugnis von dem Herrn.
   O öffne du die Herzen der Welt und uns den Mund,
   daß wir in Freud und Schmerzen das Heil ihr machen kund.

Text: Philipp Spitta (1827) 1833
Melodie: „Lobt Gott getrost mit Singen" 16. Jh.
geistlich Nürnberg um 1535
Böhmische Brüder 1544, bei Otto Riethmüller 1932

Preist Gott, der uns den Segen gibt 198

Text: Thomas Ken 1692
Melodie: Dave Clifton & Andy Piercy
Deutsch: Roland Werner / Christus-Treff
Originaltitel: „Praise God from whom all blessings flow"
Rechte: 1993 I. Q. Music
Rechte für D, A, CH: CopyCare Deutschland, Neuhausen

199 Reconciled

1. Re-concil'd, I'm re-concil'd, I'm re-concil'd to God for ev-er, know he took a-way my sin, I am his child, I know it was on me he smil'd, I'm re-concil'd, I'm re-concil'd to God.
2. jus-ti-fied, I'm jus-ti-fied. It's just as if I'd nev-er sinned. And once I knew such guilt-y fear. But now I know his peace with-in me. Jus-ti-fied, I'm jus-ti-fied. It's all be-cause my Je-sus died. I'm jus-ti-fied, I'm jus-ti-fied by God.
3. mag-ni-fy, I'll mag-ni-fy, I'll mag-ni-fy his name for ev-er. Wear the robe of right-eous-ness, and bless the name of Je-sus, Sav-iour. Mag-ni-fy the one who died, the one who reigns for me on high. I'll mag-ni-fy, I'll mag-ni-fy my God.

1. Hal-le-lu-jah, I'm
2. Hal-le-lu-jah, I'll

Text und Melodie: Mike Kerry
Rechte: 1984 Kingsway's Thankyou Music
Rechte für D, A, CH, FL: Hänssler-Verlag, Neuhausen-Stuttgart

Reich 200

1. Ei - ner hat - te gros - se Plä - ne, woll - te viel und im - mer mehr, und so
2. Ei - ner hat - te gu - te Kar - ten, er war jung und hat - te Geld, doch er

schuf - te - te und in - ve - stier - te er. Spe - ku -   End - lich
lier - te an der Bör - se, kauf - te Ak - tien, Häu - ser, Gold, kam im
Por - sche bei den Ban - ken an - ge -   rollt.   Auf die
spür - te, daß ihm trotz - dem et - was fehlt. Dar - um
wis - sen, wie ich wirk - lich le - ben kann!"

1. war er kurz vor sei - nem Ziel, plan - te gie - rig den ganz
2. Ant - wort war er nicht ge - faßt: „Geh, ver - kau - fe al - les,

gros - sen Deal – doch dann starb er. Plötz - lich war es son - nen -
was du hast! Gib's den Ar - men, dann ge - winnst du hun - dert -

klar, welch ein ar - mer Kerl der rei - che Mann doch war!
fach. Und dann komm", sagt Je - sus, „komm und folg mir nach!"

Refrain Reich und doch so arm, den fal - schen Traum ge - träumt, ge -

rafft, ge - giert, ge - geizt, das Wich - tig - ste ver - säumt.

rafft, ge - giert, ge - geizt, das Wich - tig - ste ver - säumt.

Text (nach Lukas 12,13–1; 18,18–23) und Melodie: Christoph Zehendner
Aus „Folgen"
Rechte: Felsenfest Musikverlag, Würzburg

201 Rejoice

Text und Melodie: Graham Kendrick
Rechte: 1983 Kingsway's Thankyou Music
Rechte für D, A, CH, FL: Hänssler-Verlag, Neuhausen-Stuttgart

Sandyland 202

Text und Melodie: Karen Lafferty
Rechte: Maranatha Music
Rechte für D, A, CH: CopyCare Deutschland, Neuhausen

203 Schalom

1. Wenn keine Lügen uns mehr trennen und unser
Ja heißt Ja und Nein heißt Nein, weil wir die
Wahrheit Gottes kennen, dann wird Friede sein.

2. Wenn wir nicht länger Rache brüten, wenn wir dem
andern seine Schuld verzeihn, wie Gott verzeiht, wenn
wir ihn bitten, dann wird Friede sein.

3. Wenn wir das Recht des Schwachen ehren und wenn kein
Zank mehr ist um Mein und Dein, weil wir auf
Gottes Stimme hören, dann wird Friede sein.

4. Wenn wir einander Lasten tragen und keiner
bleibt mit seinem Leid allein, weil Gottes
Worte Brücken schlagen, dann wird Friede sein.

Refrain: Schalom, Schalom. Gottes Friede sei mit diesem Land. Schalom, Schalom. Gottes Friede

Text und Melodie: Ingemar Olsson
Originaltitel: „Shalom, det år fred"
Rechte: 1985 little beat music, Orebro, Schweden
Rechte für D, A, CH, FL: Musikverlag Klaus Gerth, Asslar

Schuldlos schuldig 204
(Siehe Seite nach Lied Nr. 205)

Segne uns, o Herr 205

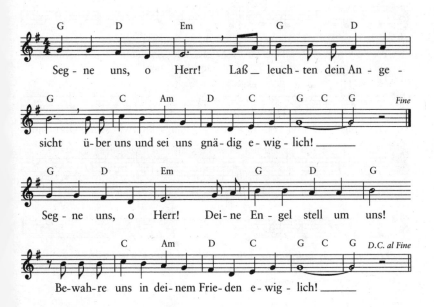

Text und Melodie: Kommunität Gnadenthal
Rechte: Präsenz-Verlag, Gnadenthal, Hünfelden

204 Schuldlos schuldig

1. Es war noch nie so dunkel, nie so kalt: Ein Kreuz auf einem Hügel, starres Schweigen, Hohn und Spott. Die Liebe stirbt an Gleichmut und Gewalt und flüstert leise Worte: „Warum bist du fort, mein Gott?"

2. Du stirbst an satter Überheblichkeit, an tausend schalen Träumen einer selbstgerechten Welt. Du stirbst an stolzer Gottvergessenheit, an selbsterdachten Zielen, falschen Wegen, ungezählt.

3. Es war noch nie so dunkel, nie so kalt. Doch so bricht Gottes Gnade heiß in unsre kühle Welt. Liebe besiegt gewaltig die Gewalt. Wir feiern die Versöhnung zwischen Gott und seiner Welt.

Refrain Schuldlos schuldig und verraten hängst du zwischen Gott und Welt. Bist in unsern Krieg geraten und machst Frieden, und machst Frieden, der ewig hält.

Text (nach Lukas 23,26–49): Jürgen Werth
Melodie: Johannes Nitsch
Aus „Folgen"
Rechte: Felsenfest Musikverlag, Würzburg

Segne uns, o Herr   205
(Siehe Seite vor Lied Nr. 204)

Seht, wie gut er zu uns ist   206

1. Seht, wie gut er zu uns ist, Je - sus, Gottes Sohn. Segen fließt zu uns her - ab, kommt von sei - nem Thron. Herr - lich - keit und Eh - re sei Gott in der Hö - he. Ho - san - na dem, der mit Macht re - giert.

2. Je - sus, wir ver - eh - ren dich, du bist Gottes Sohn. Und wir spü - ren, wie dein Geist kommt von dei - nem Thron.

Text und Melodie: John Barnett
Deutsch: Immanuel Lobpreiswerkstatt
Originaltitel: „O behold how good he is (Glory in the highest)"
Rechte: 1988 Mercy / Vineyard Publishing, USA
Rechte für D, A, CH, FL, L: Projektion J Buch- und Musikverlag GmbH, Wiesbaden

207 Sei stark, sei fest

Text (nach Josua 1,9; Hebräer 13,6) und Melodie: Morris Chapman
Deutsch: Helga König
Originaltitel: „Be hold, be strong"
Rechte: 1983 by Word Music Inc.
Rechte für D, A, CH, Osteuropa: Rudolf Slezak Musikverlag GmbH, Hamburg

208 Seid nicht bekümmert

Seid nicht bekümmert 208

Text (nach Jeremia 8,10) und Melodie: Kommunität Gnadenthal 1985
Rechte (Melodie): Präsenz-Verlag, Gnadenthal, Hünfelden

Sende deinen Geist 209
(Siehe Seite nach Lied Nr. 210)

Siehe, ich habe dir geboten 210

Text: Josua 1,9
Melodie: Klaus Göttler
Rechte: Born-Verlag, Kassel

209 Sende deinen Geist

Refrain: Sende deinen Geist, und kehre bei uns ein. Schaffe in uns Raum, daß wir deinem Wort vertraun. Herr, mach uns neu.

1. Wir sind hier zusammen und suchen nach dem Weg. Und wir fragen uns, wie es wohl weitergeht.
2. Du bist nicht verborgen, in Jesus bist du nah. Und in deinem Wort machst du dein Wesen klar.
3. Vater, sieh, wir möchten jetzt hörend vor dir stehn. Bitte schenke uns, daß wir dich recht verstehn.

Text und Melodie: Matthias Herbster 1995
Rechte: Hänssler-Verlag, Neuhausen-Stuttgart

Siehe ich habe dir geboten 210
(Siehe Seite vor Lied Nr. 209)

Singt das Lied der Freude 211

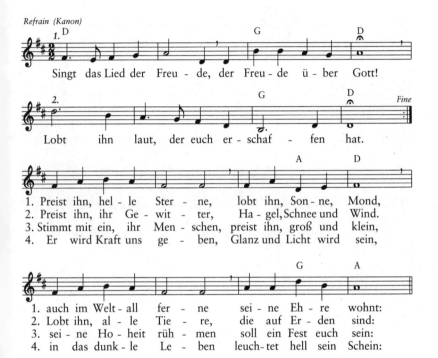

Text (nach Psalm 148) und Melodie: Dieter Hechtenberg 1968
Rechte: Christophorus-Verlag, Freiburg i.Br.

212 Singt dem Herrn mit Freude

Refrain: Singt dem Herrn mit Freude! Singt dem Herrn mit Freude!
Gebt ihm die Ehre! Gebt ihm die Ehre!

1. Singt dem Herrn mit Freude, ihr, sein Volk!
2. Gebt dem Herrn die Ehre, stimmt ein Freudenlied an!

1.+ 2. Wir freun uns über Gott, stehen gern in seinem Dienst; denn er ist

1. unser Herr, wir sind sein Volk. Und wir treten in die Gegenwart unseres Gottes, in sein Haus mit Lob und Dank.
2. unser Hirte, der für uns sorgt. Immer ist er gut zu uns, voller Gnade und Liebe, seine Treue hört nie auf.

Wir staunen über Gott, denn er ist groß.

Gebt dem Herrn die Ehre, stimmt ein Freudenlied an!
Gebt dem Herrn die Ehre, stimmt ein Freudenlied an!

Text: Lars Mörlid / Peter Sandwall
Melodie: Peter Sandwall
Deutsch: Diethelm Strauch
Originaltitel: „Kom Välsigna Herren"
Rechte: Lars Mörlid / Peter Sandwall, Schweden
Rechte für D, A, CH: Hänssler-Verlag, Neuhausen-Stuttgart

So sind deine Worte 213
(Siehe Seite nach Lied Nr. 214)

So werdet ihr leben 214

Refrain: Hört auf mich, so werdet ihr leben! Neigt euer Ohr zu mir und kommt zu mir her! Hört auf mich, so werdet ihr leben! Neigt euer Ohr zu mir und kommt zu mir her!

1. Nach dem Bilde Gottes ist der Mensch gemacht.
Alles, was Gott schuf, war wunderbar.
Rausgeflogen ist der Mensch aus Eden dann,
nur, weil er nicht hören kann.

2. Sucht den Herrn, solange er zu finden ist,
sagt ihm eure Not, denn er hört zu!
Und, wer gottlos ist, bekehre sich zum Herrn.
Gott erbarmt sich seiner gern.

3. Noch ein letztes Mal spricht Gott die Menschen an
in den bösen Tagen dieser Zeit.
Jesus ist das Wort, das er zu allen spricht:
Wer ihm glaubt, kommt durchs Gericht.

Text und Melodie: Christian Hählke 1995
Rechte: beim Autor

213 So sind deine Worte

So sind deine Worte 213

Text und Melodie: Werner Arthur Hoffmann
Rechte: 1992 Musikverlag Klaus Gerth, Asslar

So werdet ihr leben 214
(Siehe Seite vor Lied Nr. 213)

215 Steht auf und lobt unsern Gott

Text und Melodie: Jonnie Slottheden
Deutsch: Diethelm Strauch
Originaltitel: „Sta upp och prisa var Gud"
Rechte: Förlaget Filadelfia, Schweden
Rechte für D, A, CH: Hänssler-Verlag, Neuhausen-Stuttgart

Such, wer da will 216

3. Ach sucht doch den, laßt alles stehn, die ihr das Heil begehret;
   er ist der Herr, und keiner mehr, der euch das Heil gewähret.
   Sucht ihn all Stund von Herzensgrund, sucht ihn allein;
   denn wohl wird sein dem, der ihn herzlich ehret.

4. Meins Herzens Kron, mein Freudensonn sollst du, Herr Jesu, bleiben;
   laß mich doch nicht von deinem Licht durch Eitelkeit vertreiben;
   bleib du mein Preis, dein Wort mich speis, bleib du mein Ehr,
   dein Wort mich lehr, an dich stets fest zu glauben.

5. Wend von mir nicht dein Angesicht, laß mich im Kreuz nicht zagen;
   weich nicht von mir, mein höchste Zier, hilf mir mein Leiden tragen.
   Hilf mir zur Freud nach diesem Leid; hilf, daß ich mag
   nach dieser Klag dort ewig dir Lob sagen.

Text: Georg Weissel (1623) 1642
Melodie: Johann Stobäus 1613

217 Suchet zuerst Gottes Reich

3. Betet, und ihr sollt es nicht vergeblich tun.
   Suchet, und ihr werdet finden.
   Klopft an, und euch wird die Türe aufgetan. Halleluja, Halleluja.

4. Laßt Gottes Licht durch euch scheinen in der Welt,
   daß sie den Weg zu ihm findet
   und sie mit euch jeden Tag Gott lobt und preist. Halleluja, Halleluja.

5. Ihr seid das Volk, das der Herr sich ausersehn.
   Seid eines Sinnes und Geistes.
   Ihr seid getauft durch den Geist zu einem Leib. Halleluja, Halleluja.

Suchet zuerst Gottes Reich   217

6. So wie die Körner, auf Erden weit verstreut,
zu einem Brote geworden,
so führt der Herr die zusammen, die er liebt. Halleluja, Halleluja.

Text (Strophen 1- 6): unbekannter Verfasser nach dem englischen
„Steek ye first the kingdom of the Lord" von Karen Lafferty 1972
Melodie und Satz: Karen Lafferty 1972
Rechte: 1972 Maranatha Music
Rechte für D, A, CH: CopyCare Deutschland, Neuhausen
Authorised translation: Maranatha Music

Tochter Zion, freue dich   218

Text: nach Friedrich Heinrich Ranke
Melodie: Anke Groth
Rechte: Born-Verlag, Kassel

219 Trag das Licht in die Welt

Refrain: Trag das Licht in die Welt, an jeden Ort, zu allen Menschen hin, nimm sie mit auf den Weg, Jesus nach, aus der Dunkelheit ins Licht! Licht!

1. Taghell ist die Nacht von Bethlehem, Engel singen überm Feld: „Christus, der Heiland, ist heute geborn. Kommt, seht den Retter der Welt."
2. Strahlend helles Licht umgibt den Mann, der vorm Grab die Frauen grüßt: „Fürchtet euch nicht, Jesus ist nicht mehr hier, geht, sagt es weiter: Er lebt!"
3. Mitten in der Stadt Jerusalem sitzt die kleine Jüngerschar; plötzlich ein Brausen, ein Wind füllt das Haus, Gottes Geist breitet sich aus.
4. Jetzt erst wird den Jüngern wirklich klar, wie das denn mit Jesus ist. Sie gehen los und bezeugen es gern, wie sehr Gott diese Welt liebt.

Text und Melodie: Helmut Hoeft
Rechte: Born-Verlag, Kassel

Um Frieden haben wir schon oft gebetet 220

Refrain: Um Frie- den ha- ben wir schon oft ge- be- tet, vie- le

schö- ne Wor- te schon ge- macht. Es wär auch schlimm, wenn man nicht

da- von re- det, doch wer hat schon an die Tat ge- dacht?

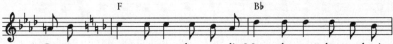

1. Ist es gut, wenn an- ders- wo die Men- schen ster- ben und wir
2. Ist es gut, wenn an- ders- wo die Men- schen ster- ben, weil der
3. Es wär gut, wenn wir nicht nur die Hän- de fal- ten, son- dern

sin- gen schön: Hal- le- lu- ja? Mor- gen liegt viel- leicht schon uns- re
Hun- ger sie ver- nich- tet hat, wäh- rend wir be- stän- dig für den
sie auch rühr- ten für die Welt, denn den Men- schen hel- fen, Le- ben

Welt in Scher- ben, weil so we- nig Lie- be heut ge- schah.
Wohl- stand wer- ben und zu- frie- den sind, denn wir sind satt.
zu er- hal- ten, for- dert un- ser al- ler Zeit und Geld.

Text und Melodie: Klaus Biehl

221 Unser Vater

1. Bist zu uns wie ein Vater, der sein Kind nie vergißt.
2. Deine Herrschaft soll kommen. Das, was du willst, gescheh'n.
3. Gib uns das, was wir brauchen, gib uns heut unser Brot.
4. Lehre uns zu vergeben, so wie du uns vergibst.

1. Der trotz all seiner Größe immer ansprechbar ist.
2. Auf der Erde, im Himmel sollen alle es sehn.
3. Und vergib uns den Aufstand gegen dich und dein Gebot.
4. Laß uns treu zu dir stehen, so wie du immer liebst.

Refrain: Vater, unser Vater, alle Ehre deinem

5. Nimm Gedanken des Zweifels und der Anfechtung fort.
   Mach uns frei von dem Bösen durch dein mächtiges Wort.

6. Deine Macht hat kein Ende, wir vertrauen darauf.
   Bist ein herrlicher Herrscher, und dein Reich hört nie auf.

Text: Christoph Zehendner
Melodie und Satz: Hans-Werner Scharnowski
Rechte: Felsenfest Musikverlag, Würzburg

222 Vater des Lichts

Text und Melodie: John Barnett
Deutsch: FCJG Lüdenscheid
Originaltitel: „Father of Lights"
Rechte: 1991 Mercy / Vineyard Publishing, USA
Rechte für D, A, CH, FL, L: Projektion J Buch- und Musikverlag GmbH, Wiesbaden

Vater im Himmel 223

Vater im Himmel, wir beten dich an.

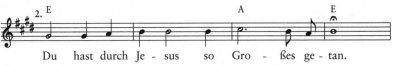

Du hast durch Jesus so Großes getan.

Wir werden still und schauen dich an.

Text und Melodie: Diethelm Strauch
Rechte: beim Autor

Vater unser im Himmel 224

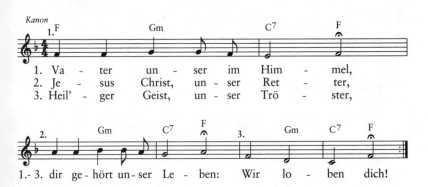

1. Vater unser im Himmel,
2. Jesus Christ, unser Retter,
3. Heil'ger Geist, unser Tröster,

1.-3. dir gehört unser Leben: Wir loben dich!

Text (nach Römer 2,1) und Melodie: Terrye Coelho
Deutsch: Gerhard Röckle
Originaltitel: „Father, we adore You"
Rechte: 1972 Maranatha Music

225 Vater, deine Liebe

Text und Melodie: Ian Smale
Deutsch: Helga König
Rechte: 1984 Glorie Music / Thankyou Music, UK
Rechte für D, A, CH: Hänssler-Verlag, Neuhausen-Stuttgart

Vater, ich folge dir 226

1. Va-ter, ich fol-ge dir, ich bin dein Kind. In dei-ner gu-ten Hand fin-de ich Halt. Herr, ich ver-trau-e dir, in dei-nem Licht fin-de ich Si-cher-heit, fürch-te mich nicht.

2. Herr, hö-re mein Ge-bet, Herr, mach mich frei von der Be-quem-lich-keit, die mich oft lähmt, vom Glau-ben an das Geld, der mich ver-führt, vom Krei-sen um mich selbst, hei-le mich, Herr.

1.+ 2. Herr, mach uns frei von uns selbst, mach uns frei für dich. Herr, mach uns eins, daß die Welt er-kennt: Du bist Je-sus, Got-tes Sohn, du bist Je-sus, Got-tes Sohn.

Text und Melodie: Georg Pflüger
Rechte: Christus-Treff, Marburg

227 Vater, ich komme jetzt zu dir

Text und Melodie: Daniel Jacobi
Rechte: 1994 Hänssler-Verlag, Neuhausen-Stuttgart

228 Vater, ich lieb dich
(Siehe Seite nach Lied Nr. 229)

229 Vergiß es nie

228 Vater, ich lieb dich

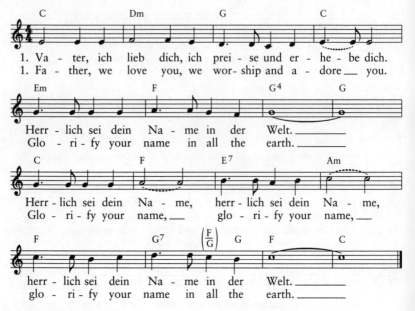

2. Jesus, ich lieb dich,...
3. Heilger Geist, ich lieb dich, ...

2. Jesus, we love you, ...
3. Spirit, we love you, ...

Text und Melodie: Donna Adkins
Deutsch: Gitta Leuschner JmeM
Rechte: 1976 Maranatha Music
Rechte für D, A, CH: CopyCare Deutschland, Neuhausen
Authorised translation: Maranatha Music

229 Vergiß es nie
(Siehe Seite vor Lied Nr. 228)

230 Voll und ganz

231 Von der Liebe meines Herrn

1. Von der Lie - be mei - nes Herrn will ich er - zäh - len: Wie herr - lich sind dei - ner Hän - de Werk! Er al - lein gibt mir Kraft zum Le - ben; sein Frie - de trägt mich ans Ziel.
2. Du, mein Va - ter, lehr mich im - mer neu be - ach - ten, was dein Wort mir täg - lich sa - gen will: Du bist da, willst mich stets be - glei - ten, machst mich in al - ler Sor - ge still.
3. Dei - ne We - ge möch - te ich nun mit dir ge - hen; mein Le - ben soll ganz dein Ei - gen sein. Du, mein Licht, führ mich durch das Dun - kel, laß nie - mals, Herr, mich al - lein.

Text: Jochen Bohn
Melodie: Bernd Arhelger
Rechte: Hänssler-Verlag, Neuhausen-Stuttgart

232 Von guten Mächten

1. Von gu - ten Mäch - ten treu und still um - ge - ben,
2. Noch will das Al - te uns - re Her - zen quä - len,
3. Und reichst du uns den schwe - ren Kelch, den bit - tern
4. Doch willst du uns noch ein - mal Freu - de schen - ken

232 Von guten Mächten

5. Laß warm und hell die Kerzen heute flammen,
   die du in unsre Dunkelheit gebracht,
   führ, wenn es sein kann, wieder uns zusammen.
   Wir wissen es, dein Licht scheint in der Nacht.

6. Wenn sich die Stille nun tief um uns breitet,
   so laß uns hören jenen vollen Klang
   der Welt, die unsichtbar sich um uns weitet,
   all deiner Kinder hohen Lobgesang.

Melodie I   (Refrain = 7. Strophe)

1. Von guten Mächten treu und still umgeben, behütet und getröstet wunderbar, so will ich diese Tage mit euch leben und mit euch gehen in ein neues Jahr.

Text: Dietrich Bonhoeffer (1944) 1945/ 1951
Melodie I: Otto Abel 1959
Melodie II: Siegfried Fietz 1970
Rechte (Text): Chr. Kaiser/ Gütersloher Verlagshaus, Gütersloh
Rechte (Melodie I): Verlag Merseburger, Kassel
Rechte (Melodie II): Abakus Schallplatten & Ulmtal Musikverlag, Greifenstein

233   We believe

Refrain We believe in almighty Father,

Text und Melodie: Ingemar Olsson
Rechte: little beat music, Orebro, Schweden
Rechte für D, A, CH, FL: Musikverlag Klaus Gerth, Asslar

234 We bring our praise

Text und Melodie: John Peters
Rechte: 1993 John Peters
Rechte für D, A, CH: CopyCare Deutschland, Neuhausen

235 We must believe

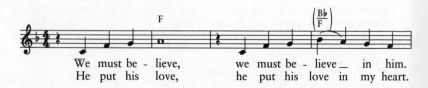

We must believe 235

Text und Melodie: Leon Patillo
Rechte: 1983 Word Music
Rechte für D, A, CH, Osteuropa: Rudolf Slezak Musikverlag GmbH, Hamburg

236 Weil bei Jesus unser Glaube

Weil bei Jesus unser Glaube

Text: Jörg Swoboda / Theo Lehmann
Melodie: Jörg Swoboda
Rechte: Hänssler-Verlag, Neuhausen-Stuttgart

237 Weil Gott dein Vater ist

1. Weil Gott dein Vater ist, wirst du geborgen sein
2. Weil Gott dein Hirte ist, wirst du geborgen sein
3. Weil Gott dein Tröster ist, wirst du geborgen sein
4. Weil Gott dein Vater ist, wirst du geborgen sein

1. und seine Gnade spürn, denn er hat gesagt:
2. und seine Treue spürn, denn er hat gesagt:
3. und seine Nähe spürn, denn er hat gesagt:
4. und seine Liebe spürn, denn er hat gesagt:

1.-4. Ich kenn den Weg, ich führe dich, hab keine Angst, vertrau auf mich.

— Ich werd dich schützen, denn du bist mein Kind.

1. Es gibt Dinge, die sind dir schon lange eine Last,
2. Will die Trauer lähmen und stürzt Kummer auf dich ein,
3. Wer weiß, was morgen ist? Du kennst die Zukunft nicht,

viele Fragen, auf die du noch keine Antwort hast.
wenn die Sorgen quälen und du fühlst dich ganz allein,
doch wenn du bei ihm bleibst, ist er dein sichres Licht.

Doch wenn du zu Gott gehst und nach seiner Führung fragst, gibt
dann geh zu Jesus, bitte ihn um seine Kraft, er
Er kennt dich gut, er weiß am besten, was du brauchst, und

Text und Melodie: Isabell Bretschneider
Rechte: beim Autor

Weitersagen, weitertragen 238
(Siehe Seite nach Lied Nr. 239)

We'll sing a new song 239

Text und Melodie: Diane Fung

238 Weitersagen, weitertragen

Text: Roland Werner
Melodie und Satz: Johannes Nitsch
Rechte: Hänssler-Verlag, Neuhausen-Stuttgart

We'll sing a new song   239
(Siehe Seite vor Lied Nr. 238)

240 Wenn die Last der Welt
(Siehe Seite nach Lied Nr. 241)

241 Wenn einer dem andern dient

Wenn einer dem andern dient

Mach dich auf und faß mit an, geh mit an den Start!
Wir brauchen deine Hilfe noch. Der Platz für dich ist frei.
Gott baut sein Reich mit dir und mir. Bist du mit dabei?

neuer Mensch, der glaubt und liebt; ein Wunder ist geschehn.
Du mußt nicht mehr der Erste sein, bist von dir selbst befreit.
Du lebst für Gott und hörst auf ihn, hast für den Nächsten Zeit.

übernimmst, was ich nicht schaff und ziehst mich dadurch mit.
Dann steig ich ein und du bleibst dran, so gleichen wir uns aus.
Gott schenkt die Kraft und segnet uns. Er baut mit uns sein Haus.

Text und Melodie: Dirk Scheuermann
Rechte: Born-Verlag, Kassel

240 Wenn die Last der Welt

1. Wenn die Last der Welt dir zu schaffen macht, hört er dein Gebet. Wenn dich Furcht befällt vor der langen Nacht, hört er dein Gebet.
2. Wenn du kraftlos bist und verzweifelt weinst, hört er dein Gebet. Wenn du ängstlich bist und dich selbst verneinst, hört er dein Gebet.
3. Wenn die Menschheit vor ihrem Ende steht, hört er dein Gebet. Wenn die Sonne sinkt und die Welt vergeht, hört er dein Gebet.

Refrain: Gott hört dein Gebet, hört auf dein Gebet. Er versteht, was sein Kind bewegt, Gott hört dein Gebet.

Text: Christoph Zehendner
nach dem englischen „He will listen to you" von Mark Heard 1983
Rechte: 1983 Bug and Bear Music
Rechte für D, A, CH, ehem. Ostblockstaaten, ehem. Jugoslawien: Musik Edition Discoton
BMG Ufa Musikverlage, München

241 Wenn einer dem andern dient
(Siehe Seite vor Lied Nr. 240)

Wenn Gottes Stadt in Trümmern liegt 242

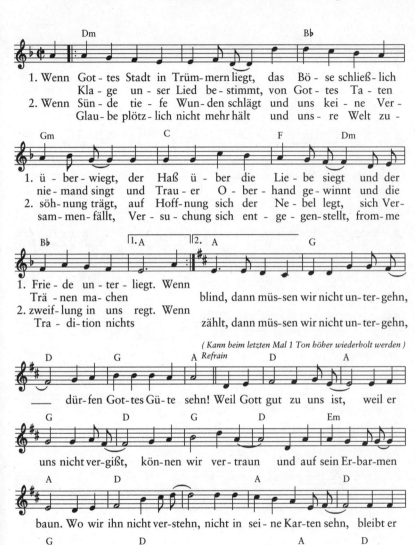

Text und Melodie: Michael Wittig
Rechte: Born-Verlag, Kassel

243 Wenn ich deine Heiligkeit bestaune

Text (nach Psalm 34,6) und Melodie: Wayne & Cathy Perrin
Deutsch: Thomas van Dooren
Originaltitel: „When I look into Your holiness"
Rechte: 1980 Integrity's Hosanna! Musik
Rechte für D, A, CH: Hänssler-Verlag, Neuhausen-Stuttgart

Wer bist du 244

244 Wer bist du

um dein We-sen zu be-schrei-ben? Wer bist du?

1. Du bist ein ver-zeh-ren-des Feu-er, — du bist licht und stark und schön! Du bist Kraft, die nie-mand bän-digt, Weis-heit, die wir nicht ver-stehn.
2. Du bist Lie-be — oh - ne Gren-zen, — die sich nie vor uns ver-schließt, die nicht auf-gibt, die nicht los-läßt, und die in uns Krei - se zieht. —
3. Wer kann dich, Herr, recht er-fas-sen, — dich be-grei-fen, dich ver-stehn? Den-noch woll-test du dich zei-gen, — mit uns le-ben, mit uns gehn. —

Wer bist du 244

1. Du schufst Welten aus dem Nichts und erdachtest Raum und Zeit. Die Natur gibt eine Ahnung deiner grossen Herrlichkeit.
2. Du gibst Trost und echte Hilfe und Geborgenheit in Not. Von dir kann uns niemand trennen, sei's im Leben oder Tod.
3. Wurdest Mensch in seinen Grenzen, kamst uns so zum Greifen nah. Wer es annimmt, wird Gott finden. Gott macht sich uns offenbar.

Text und Melodie: Andreas Bauer
Satz: Johannes Nitsch
Rechte: Hänssler-Verlag, Neuhausen-Stuttgart

245 Wer das Wasser in der Wüste kennt

Refrain: Wer das Wasser in der Wüste kennt und es verschweigt, der ist schuld, wenn Sterbende es übersehn. Wer im Moor die festen Wege kennt und sie nicht zeigt, der ist schuld daran, wenn andre untergehn.

1. Glaub doch nicht, zu Gott käm schließlich jeder sowieso, und der Weg sei einerlei. Mancher Weg ist blind und endet bald schon irgendwo; manche Spur führt weit und führt an Gott vorbei.

2. Was du weißt, das sag in Liebe, aber sag es klar: daß kein Mensch sich retten kann. Nur am Kreuz, wo Christus starb und für uns durstig war, fängt der Weg zu Gott und seiner Quelle an.

3. Sprich mit dem, der ohne Christus auszukommen meint, der nur lacht und widerspricht. Jeder braucht den Mann am Kreuz, auch wenn es nicht so scheint; mancher stirbt längst ohne ihn und merkt es nicht.

Text und Melodie: Manfred Siebald
Rechte: Hänssler-Verlag, Neuhausen-Stuttgart

Wer Gott folgt, riskiert seine Träume 246

5. Und lehrt eure Kinder das eine,
daß über Gott keiner mehr steht,
daß auch der Größte klein beigeben muß,
wenn Gott kommt und alles vergeht.

6. Wer stirbt, der wird nicht nur zu Erde.
Gott ruft ihn zum Jüngsten Gericht.
Finsternis bleibt für die einen zuletzt,
die anderen dürfen ins Licht.

Text: Jörg Swoboda / Theo Lehmann 1980
Melodie: Jörg Swoboda 1980
Rechte: Oncken Verlag, Wuppertal

247 Wer Jesus folgt

1. Wer Jesus folgt, führt kein bequemes Leben, der macht sich nützlich dort, wo er es kann. Der setzt sich ein, will Liebe weitergeben. Der hat ein Ziel und arbeitet daran. Wer Jesus folgt, der muß sich nicht mehr klammern an Geld, Beruf, Familie oder Haus. Der

2. Wer Jesus folgt, der muß nicht mehr rotieren, sich nicht mehr länger um sich selber drehn. Der will dem Zeitgeist nicht mehr applaudieren, der wagt es, gegen Unrecht vorzugehn. Wer Jesus folgt, scheut nicht vor Hindernissen. Er weiß: Der Weg, den Gott mich führt, ist gut. Der

3. Wer Jesus folgt, kann lernen zu verzichten, von sich und seinen Wünschen wegzusehn. Der braucht sich nicht mehr nach der Masse richten, der hat den Mut, zu Gottes Wort zu stehn. Wer Jesus folgt, der wagt's, nach vorn zu schauen, weil er nicht dumpfer Zukunftsangst verfällt. Der

Wer Jesus folgt 247

kann nicht ü - ber Lan - ge - wei - le jam - mern — der
hü - tet sich vor fau - len Kom - pro - mis - sen, macht
tut was, will an Got - tes Reich mit - bau - en, der

Auf - trag Got - tes for - dert ihn her - aus.
gan - ze Sa - che, zeigt Pro - fil, hat Mut.
freut sich schon auf Got - tes neu - e Welt!

Text (nach Lukas 9,23–25.27–62; 14,25–33; 18,28–30): Christoph Zehendner
Melodie: Johannes Nitsch
Aus „Folgen"
Rechte: Felsenfest Musikverlag, Würzburg

248 Wie ein Weizenfeld

1. Es kann sein, daß deine Lebenskraft vertrocknet, und dein Leben fühlt sich welk und kraftlos an. Es kann sein, daß du zu nichts mehr richtig Lust hast, und du merkst, es geht mit dir nicht recht voran.
2. Es kann sein, daß dein Gedächtnis dich im Stich läßt und du nicht mehr weißt, was für dich wichtig ist. Es kann sein, daß du die Fingerzeige Gottes nicht mehr siehst und auch das Gute schnell vergißt.
3. Es kann sein, daß deine Hoffnung längst erstickt ist und der Kleinkram dich belastet und bedrängt. Es kann sein, daß du nur ziellos vor dich hinlebst, weil du glaubst, daß sich dein Horizont verengt.

Refrain: Wie ein Weizenfeld, das wächst und endlich reif wird, auch wenn manche Halme schon vertrocknet sind. / auch wenn Körner auf dem Weg vergessen sind. / das gedeiht, auch wenn dort viele Dornen sind. So will Gott dein Leben langsam reifen lassen durch die

Wie ein Weizenfeld 248

Text (nach Lukas 8,4–15): Albrecht Gralle
Melodie: Manfred Staiger
Aus „Folgen"
Rechte: Felsenfest Musikverlag, Würzburg

Wir preisen dich, Herr 249

Text und Melodie: Bruce Ballinger
Deutsch: Cary Buraty-Frey
Rechte: 1987 Sound III, Inc., USA
Rechte für D, A, CH: Hänssler-Verlag, Neuhausen-Stuttgart

250 Wir sind hier zusammen

1. Wir sind hier zusammen, dich anzurufen, Herr. Unser einziges Verlangen ist zu singen, Gott, zu dir. Sei willkommen, Herr, willkommen, Herr, willkommen, Herr, füll diesen Raum. Bring Vater, komm, füll den Raum, wir bitten dich. Jesus, wir suchen dich, denn unser Wunsch allein ist, dich zu lieben. Sei willkommen, Herr, willkommen, Herr, willkommen, Herr, füll diesen Raum.

2. Heilung und Erlösung. Dein Reich komme, Herr, was du willst, das soll geschehen, wie im Himmel, so auch hier. Sei willkommen, Herr, willkommen, Herr, willkommen, Herr, füll diesen Raum.

Text und Melodie: Danny Daniels
Deutsch: A. Frey / W. Dennenmoser
Originaltitel: „We welcome you"
Rechte: 1987 Mercy Publishing / Thankyou Music
Rechte für D, A, CH, FL, L: Projektion J Buch- und Musikverlag GmbH, Wiesbaden

Wir sind hier zusammen in Jesu Namen 251

Rechte: Jugend mit einer Mission Verlag, Biel

252 Wir sind nicht alleine

1. Wir sind nicht al-lei-ne, wir Kin-der uns-res Herrn. Füh-len wir uns ein-sam, scheint er uns so fern, su-chen wir die Ge-mein-schaft, wir die Ge-mein-schaft im-mer in dem Na-men uns-res Herrn.

2. Je-der ist hier wich-tig und bringt sich selbst mit ein. Kei-ner wird zu mäch-tig, will der er-ste sein, denn wir ha-ben Ge-mein-schaft, ha-ben Ge-mein-schaft im-mer in dem Na-men uns-res Herrn.

3. Tei-len wir Er-fah-rung, die wir mit Gott ge-macht, hilft uns das im Glau-ben, bringt uns durch die Nacht. Sie ist gut, die Ge-mein-schaft, die-se Ge-mein-schaft im-mer in dem Na-men uns-res Herrn.

4. Wir kön-nen auch sin-gen und la-chen und uns freun. Ei-nes ist ganz si-cher: Er wird bei uns sein, denn wir ha-ben Ge-mein-schaft, ha-ben Ge-mein-schaft im-mer in dem Na-men, in dem Na-men, in dem Na-men uns-res Herrn.

1. When we get together, together in the Lord,
   ev'rything that happens is with one accord.
   Yes, we all have a good time, all have a good time,
   when we get together in the Lord.

2. Everybody present has something to share,
   someone has a message, someone leads in prayer.
   Yes, we all have a good time, ...

3. Someone shares a vision, someone prophesies,
   someone else with wisdom teaches something wise.
   Yes, we all have a good time, ...

4. When we get together, together in the Lord,
   everything that happens is with one accord.
   Yes, we all have a good time, ...

Text und Melodie: Ingemar Olsson
Deutsch: Roselinde Bartel
Originaltitel: „Nar vi ar Tillsammans"
Rechte: little beat music, Orebro, Schweden
Rechte für D, A, CH, FL: Musikverlag Klaus Gerth, Asslar

253 Wir wollen fröhlich singen

1. Wir wollen fröhlich singen Gott, unserm lieben Herrn; der
2. Wir wollen fröhlich sagen, wie Gott uns herzlich liebt und
3. Wir wollen fröhlich fassen die starke Vaterhand; sie
4. So wolln wir fröhlich wandern durch diese Welt und Zeit, bis

1. geb, daß es gelinge zu seinem Lob und Ehrn.
2. auch in bösen Tagen uns stets das Beste gibt.
3. führt auf rechten Straßen bis in das fernste Land.
4. Gott uns in der andern die Heimat hält bereit.

Refrain Lobet Gott, lobet Gott, der uns führt aus aller Not,

Halleluja, Halleluja,
lobet Gott, lobet Gott, der uns führt aus aller Not.

Text: Theo Schmid 1957
Strophe 1 nach einem Ansingelied bei Valentin Triller 1555
Melodie und Satz: Erich Gruber 1953
Rechte: Strube-Verlag, München

Wißt ihr noch, wie es geschehen 254

1. Wißt ihr noch, wie es geschehen? Immer werden wir's erzählen, wie wir einst den Stern gesehen mitten in der dunklen Nacht,— mitten in der dunklen Nacht.

2. Stille war es um die Herde. Und auf einmal war ein Leuchten und ein Singen ob der Erde, daß das Kind geboren sei!

3. Eilte jeder, daß er's sähe arm in einer Krippen liegen. Und wir fühlten Gottes Nähe. Und wir beten es an,— und wir beten es an.

4. Könige aus Morgenlanden kamen reich und hoch geritten, daß sie auch das Kindlein fanden. Und sie beten es an,— und sie beten es an.

Text: Hermann Claudius 1939
Melodie: Christian Lahusen 1939
Rechte: Bärenreiter-Verlag, Kassel

255 Wo ist solch ein Gott

Wo ist solch ein Gott 255

2. Jah-we wird sich un-ser wie-der er-bar-men, un-se-re Schuld un-ter sei-ne Füs-se tre-ten und al-le un-se-re Sün-den in die Tie-fen des Mee-res wer-fen. Wo ist solch ein Gott so wie du?

Rechte: Jugend mit einer Mission Verlag, Biel

Wo zwei oder drei 257

Text: Damaris Weinhold
Melodie: Damaris Weinhold / Axel Langmann

258 Wohl dem, der nicht wandelt

Wohl dem, der nicht wandelt 258

Text (nach Psalm 1) und Melodie: Peter Strauch
Rechte: Hänssler- Verlag, Neuhausen- Stuttgart

259 Worauf hörst du

Refrain: Worauf hörst du? Wem gehörst du? Wessen Stimme lenkt die Schritte, die du gehst? Hör, was Gott dir sagt, laß auf ihn dich ein, denn sein Wille über allem steht!

1. Hörst du auf die Stimmen, wo der Schwache unterliegt, glaubst an eine Meinung, weil die Masse dadurch siegt? Wählst du dir im Leben auch die goldne Mitte aus, willst dich nicht entscheiden, hältst aus Kämpfen dich heraus? — Worauf

2. Folgst du deinen Wünschen, läßt dich das Gewissen kalt? Lebst du nach Gefühlen, machst vor keiner Grenze halt? Gilt für dich die Richtung, in die Gottes Wort dich weist, oder bist du Sklave dieser Zeit mit ihrem Geist? — Worauf

3. Stehst du auf der Seite, da, wo Gott dich haben will, redest, was er aufträgt, oder schweigst du einfach still? Wenn wir nur ihn fürchten und ihn lieben, ihm vertraun, kann er mit uns schwachen Boten doch Gemeinde baun! — Worauf

Text und Melodie: Michael Wittig
Rechte: Born-Verlag, Kassel

Worauf's ankommt 260
(Siehe Seite nach Lied Nr. 261)

Würdig das Lamm 261

Text (nach Offb. 5,12) und Melodie: Beat Schmid
Rechte: 1985 Beat Schmid, Schweiz
Rechte: Oncken Verlag, Wuppertal

260 Worauf's ankommt

1. Vor der Tür rumort der Alltag, doch hier drin ist's mir egal! Ich tauch ein ins Meer der Ruhe und versink darin total. Spür, daß du mich schon erwartest, stell' mich langsam auf dich ein. Will mich auf dich konzentrieren, will ganz offen für dich sein.

2. In dem Wirbel der Gedanken überhör ich dich so leicht. Wenn du leise mit mir redest, wenn dein Wort mein Ohr erreicht, mach mich offen für dein Reden, gib, daß mich jetzt nichts mehr stört. Lehre mich, auf dich zu hören, hören, wie ein Jünger hört.

3. Herr, ich sitz zu deinen Füßen, und ich ruh mich bei dir aus, fühl mich wohl in deiner Nähe, fühl mich ganz bei dir zu Haus. Spüre deine große Liebe, die mir Wärme schenken will. Laß mich ganz von dir durchdringen, halt in deiner Sonne still.

Refrain: Ich will lernen von dir, auf dich hörn, auf dich sehn, in Ge-

Text: Christoph Zehendner
Melodie: Hans-Werner Scharnowski
Rechte: Hänssler-Verlag, Neuhausen-Stuttgart

Würdig das Lamm 261
(Siehe Seite vor Lied Nr. 260)

Zeig uns, wie du wirklich bist 263

Text und Melodie: Lothar Kosse
Rechte: 1994 Projektion J Buch- und Musikverlag GmbH, Wiesbaden

264 Zeigt einander, wer ihr seid

Refrain: Zeigt einander, wer ihr seid, von Gott geliebt, geehrt und befreit! Als euer bestes Stück zieht die Liebe an, daß sie jeder erleben kann. Als euer bestes Stück zieht die Liebe an, daß sie jeder erleben kann.

1. Wo der Friede des Christus euer Leben bestimmt, fällt der Panzer der Angst von euch ab. Nicht mehr nötig der Kampf, in dem keiner gewinnt, durch die Stärke, die Christus euch gab.

2. Wo der Friede des Christus euer Leben bestimmt, da hat Geltung als Schmuck keinen Wert. Ihr verliert nichts, wenn euch Vergebung gelingt, reich geziert ist, wer andere ehrt.

3. Wo der Friede des Christus euer Leben bestimmt, reißt der Schleier der Gleichgültigkeit. Tragt einander und eure Gemeinschaft gelingt, Liebe schmückt wie ein kostbares Kleid.

Text und Melodie: Stephan C. Thomas
Rechte: Born-Verlag, Kassel

Zünde an dein Feuer 265

1. Zünde an dein Feuer, Herr, im Herzen mir, hell mög es brennen, lieber Heiland, dir.
2. Wollest mich bewahren, wenn der Satan droht. Du bist der Retter, Herr, von Sünd und Tod.

Was ich bin und habe, soll dein Eigen sein. In deine Hände schließe fest mich ein.
In der Weltnacht Dunkel leuchte mir als Stern, Herr, bleibe bei mir, sei mir niemals fern.

Refrain Quelle des Lebens und der Freude Quell, du machst das Dunkel meiner Seele hell. Du hörst mein Beten, hilfst aus aller Not, Jesus, mein Heiland, mein Herr und Gott.

3. Bald wird uns leuchten Gottes ewges Licht.
Freue dich, Seele, und verzage nicht!
Laß die Klagen schweigen, wenn das Lied erschallt,
fröhlichen Glaubens: Unser Herr kommt bald!
Quelle des Lebens ...

Text: Berta Schmidt-Eller vor 1961
Melodie: Naphtali Zwi Imber um 1880
Rechte (Text): Hänssler-Verlag, Neuhausen-Stuttgart

Einleitung zum Textteil

Im folgenden Teil des Liederbuches sind einige Texte und Gebete enthalten, mit denen z.B. Andachten, Gebetszeiten und Gottesdienste gestaltet werden können. Außerdem sind sie geeignet für persönliche Zeiten des Singens und Betens.

Zum Teil enthält dieser Textteil auch Gestaltungsvorschläge für verschiedene Anlässe. Jeder kann seine eigenen Liedvorschläge hinzufügen oder auch einzelne Teile entnehmen. Der Kreativität sind keine Grenzen gesetzt.

Segensworte und Gebete

Segen

Der Herr sei vor dir,
um dir den rechten Weg zu zeigen.
Der Herr sei neben dir,
um dich in die Arme zu schließen und dich zu schützen.
Der Herr sei hinter dir, um dich zu bewahren
vor der Heimtücke böser Menschen.
Der Herr sei unter dir,
um dich aufzufangen, wenn du fällst
und dich aus der Schlinge zu ziehen.
Der Herr sei in dir,
um dich zu trösten, wenn du traurig bist.
Der Herr sei um dich herum,
um dich zu verteidigen, wenn andere über dich herfallen.
Der Herr sei über dir,
um dich zu segnen.
So segne dich der gütige Gott.
Amen.

altchristliches Segensgebet

Segensgebet für einen Mitarbeiter

Der Herr, der verspricht:
„Ich bin bei dir alle Tage",
schenke dir, was du als Mitarbeiter brauchst
auf dem Weg mit jungen Menschen.

Er gebe dir Augen, die erkennen,
was den anderen bewegt.
Er befähige deine Hände aufzugreifen,
was dem anderen gut tut.
Er begleite deine Füße auf Wegen,

die du mit anderen gehst
durch ihre Höhen und Tiefen.

Sein Geist wirke in dir – und durch dich,
damit Glaube, Liebe und Hoffnung neu wachsen,
und du Frucht bringst, die bleibt.
Sein Friede bewahre deine Gefühle und Gedanken
und behüte deine Tage und Nächte.
Amen.

Otto Haußecker

Segen

Der Herr segne uns,
daß wir die Zeichen der Zeit erkennen,
und behüte uns,
daß uns das Heilige heilig bleibt.
Der Herr lasse leuchten sein Angesicht über uns
und befreie uns von der ständigen Gier nach mehr;
und sei uns gnädig
und schenke uns Freude an seinen Geboten.
Der Herr erhebe sein Angesicht über uns
und lasse uns glaubwürdige Zeugen sein,
durch die er sprechen kann,
und gebe uns Frieden,
uns und seiner ganzen Schöpfung.
Amen.

Segen

So spricht der Herr, dein Gott:
Du sollst keine anderen Götter haben neben mir!
So spricht der Herr:
Selig sind, die das Wort Gottes hören und bewahren.
So spricht der Herr:
Wendet euch zu mir, so werdet ihr leben!
So wendet euer Gesicht dem Himmel zu!

Öffnet eure Augen dem Licht, dann weicht alle Finsternis.
Hebt eure Hände zum Himmel, damit ihr den Segen empfangt.
Nehmt das Wort eures Gottes in euren Herzen mit.
Erinnert euch daran in den Stunden der Anfechtung,
der Zweifel und der Nacht.

Der Herr gebe euch Zeichen seiner Nähe.
Der Herr erfülle euch mit dem Geist der Wahrheit und Liebe.
Der Herr tröste euch, wenn ihr traurig seid.
Der Herr schenke euch den Frieden des Himmels und der Erde.
Der Herr wende sich zu euch, um euch zu segnen.
Amen.

Aaronitischer Segen

Der Herr segne dich und behüte dich;
der Herr lasse sein Angesicht leuchten über dir
und sei dir gnädig;
der Herr erhebe sein Angesicht über dich
und gebe dir Frieden.

4. Mose 6,24–26

Segenswunsch

Der Gott des Friedens aber,
der den großen Hirten der Schafe, unseren Herrn Jesus Christus,
von den Toten heraufgeführt hat durch das Blut des ewigen Bundes,
der mache euch tüchtig in allem Guten, zu tun seinen Willen,
und schaffe in uns, was ihm gefällt,
durch Jesus Christus,
welchem sei Ehre von Ewigkeit zu Ewigkeit!
Amen.

Hebräer 13,20.21

Gott ist bei dir

Gott ist bei dir, wie der Boden, der dich trägt.
Gott ist bei dir, wie die Luft, die du atmest.
Gott ist bei dir, wie das Brot, das dich stärkt.
Gott ist bei dir, wie das Wasser, das dich erfrischt.
Gott ist bei dir, wie das Haus, das dich schützt.
Gott ist bei dir, wie die Sonne, die deinen Tag hell macht.

aus: Rainer Haak, Gebete, Lahr

Morgengebete

Luthers Morgensegen

Ich danke dir, mein himmlischer Vater,
durch Jesus Christus, deinen lieben Sohn,
daß du mich diese Nacht
vor allem Schaden und Gefahr behütet hast;
und bitte dich,
du wollest mich diesen Tag auch behüten
vor Sünden und allem Übel,
daß dir all mein Tun und Leben gefalle.
Denn ich befehle mich, meinen Leib und Seele
und alles in deine Hände.
Dein heiliger Engel sei mit mir,
daß der böse Feind keine Macht an mir finde.
Amen.

Morgengebet (Mette)

Eingang

Eine(r): Herr, tue meine Lippen auf,
Alle: daß mein Mund deinen Ruhm verkündige.
Eine(r): Gott, gedenke mein nach deiner Gnade.
Alle: Herr, erhöre mich mit deiner treuen Hilfe.
Eine(r): Ehre sei dem Vater und dem Sohne und dem Heiligen Geiste,
Alle: wie es war im Anfang, so auch jetzt und alle Zeit und in Ewigkeit. Amen.

Lied

Psalm – im Wechsel beten

Eine(r): Ehre sei dem Vater und dem Sohne und dem Heiligen Geiste,
Alle: wie im Anfang, so auch jetzt und alle Zeit und in Ewigkeit. Amen.

Lied

Lesung – Tagestext nach der Bibellese

Stille Zeit – Wir nehmen uns Zeit zum Nachdenken über den Bibeltext.

Antwort

Eine(r): Weise mir, Herr, deinen Weg, daß ich wandle in deiner Wahrheit.
Alle: Weise mir, Herr, deinen Weg, daß ich wandle in deiner Wahrheit.
Eine(r): Erhalte mein Herz bei dem einen, daß ich deinen Namen fürchte,
Alle: daß ich wandle in deiner Wahrheit.
Eine(r): Ehre sei dem Vater und dem Sohne und dem Heiligen Geiste.
Alle: Weise mir, Herr, deinen Weg, daß ich wandle in deiner Wahrheit.

Auslegung – Andacht über den gehörten Text

Loblied

Gebet

Vater unser

Wechselgebet

Eine(r): Herr, sei mir Sünder gnädig,
Alle: heile meine Seele, denn ich habe an dir gesündigt.
I: Mein Herz ist bereit, Gott, mein Herz ist bereit.
II: Ich will singen und spielen zu deiner Ehre.
I: Wohlauf, Psalter und Harfe!
II: Mit der Frühe will ich auf sein.
I: Ich will dir danken, Herr, unter den Völkern,
II: ich will dir lobsingen unter den Leuten.
I: Denn deine Gnade reicht, soweit der Himmel ist,
II: und deine Wahrheit, soweit die Wolken gehen.
I: Erhebe dich, Gott, über den Himmel
II: und deine Ehre über alle Lande.
I: Auf daß deine Freunde frei werden,

II:	hilf mit deiner Rechten und erhöre mich!
I:	Gott redete in seinem Heiligtum;
II:	des bin ich fröhlich.
I:	Wer will mich führen in eine feste Stadt?
II:	Wer wird mich leiten bis ins gelobte Land?
I:	Wirst du es nicht tun, Gott?
II:	Schaffe uns Beistand in der Not,
I:	Menschenhilfe ist nichts nütze;
II:	mit Gott wollen wir Taten tun.

Gebet in der Stille

Ausgang

Lobpreis

Eine(r): Laßt uns preisen den Herrn!
Alle: Gott sei ewiglich Dank!

Lied

Segen

Eine(r): Es segne und behüte uns der allmächtige und barmherzige Gott, Vater, Sohn und Heiliger Geist.
Alle: Amen.

Morgengebet

Gott, zu dir rufe ich früh am Tag.
Hilf mir beten und meine Gedanken zu dir zu sammeln,
ich kann es nicht allein.

In mir ist es finster, aber bei dir ist Licht;
ich bin einsam, aber du verläßt mich nicht;
ich bin kleinmütig, aber bei dir ist Friede.

In mir ist Bitterkeit, aber bei dir ist Geduld;
ich verstehe deine Wege nicht,
aber du weißt den Weg für mich.

aus: Rainer Haak, Gebete, Lahr

Abendgebete

Gemeinsames Abendgebet

Wir danken dir, Herr Jesus,
für diesen ganzen Tag
und preisen dich für alles Gute,
womit du uns gesegnet hast.
Du erhältst unser Leben.
Du vergibst unsere Schuld.
Du schenkst uns alles.
Umgib uns jetzt mit deinem Frieden
und laß uns diese Nacht in deinem Schutze ruhen.
Bei dir, Herr Jesus, wollen wir bleiben;
verlaß uns nicht,
schirme, segne, tröste uns
und laß uns dein Antlitz leuchten.
Amen.

nach: Miteinander singen und beten –
       Liturgische Blätter für die Jugendarbeit; Stuttgart

Luthers Abendsegen

Ich danke dir, mein himmlischer Vater,
durch Jesus Christus, deinen lieben Sohn,
daß du mich diesen Tag
gnädiglich behütet hast;
und bitte dich,
du wollest mir vergeben alle meine Sünden,
wo ich unrecht getan habe,
und mich diese Nacht gnädiglich behüten.
Denn ich befehle mich, meinen Leib und Seele
und alles in deine Hände.
Dein heiliger Engel sei mit mir,
daß der böse Feind keine Macht an mir finde.
Amen.

Hingabegebete

Tägliches Hingabegebet

Herr, wir bringen dir diesen Tag dar,
mit dem unsere Arbeit und unser Denken neu beginnt.
Um deines Reiches willen sind wir hier, um deiner Liebe willen.
Wir bekennen mit Freuden: Dein ist alles, was wir sind und haben.

Gebet einer Schwesternschaft in Südfrankreich

**Gebet eines Menschen,
der von nun an im Glauben an Jesus Christus leben will**

Herr Jesus Christus, ich habe deinen Ruf an mich gehört.
Ich danke dir, daß du mich nicht vergessen hast,
obwohl ich dich oft vergaß und nicht an dich dachte.
Ich bekenne dir die Schuld meines Lebens.
Ich bitte, Herr:
Vergib mir meine Schuld und nimm mich als dein Eigentum an.
Ich danke dir, Herr, daß du am Kreuz für mich gestorben bist.
Im Vertrauen darauf, daß du „Ja" zu mir gesagt hast,
antworte ich mit meinem „Ja" zu dir.
Ich will dein Eigentum sein und bleiben.
Gib mir die Kraft, mich stets an dich zu halten
und nicht zu verzagen, wenn ich in Krisen komme.
Herr Jesus Christus, verwandle mein Leben,
daß es für dich zur Freude und den Menschen zur Hilfe wird.
Amen.

Gebet für unsere Generation

Herr Jesus, wir wollen, daß du unsere Generation veränderst.
Aber wir selbst sind mit unseren Herzen oft weit entfernt von dir.
Oft ist das Feuer der ersten Liebe zu dir schon kalt geworden.
Herr, vergib uns!
Wir brauchen deine Kraft, deine Heilung und eine echte Erneuerung.
Herr, erneuere du unsere Generation, und fang damit bei uns an.
Wir wollen jetzt wieder neu umkehren zu dir.
Jesus, verändere du unsere Herzen.
Amen.

Mein Vater

Mein Vater, ich überlasse mich dir.
Mach mit mir, was du willst.
Was du auch mit mir tun magst, ich danke dir.

Zu allem bin ich bereit, alles nehme ich an.
Wenn nur dein Wille sich an mir erfüllt
und an allen deinen Geschöpfen,
so ersehne ich weiter nichts, mein Gott.

In deine Hände lege ich meine Seele;
ich gebe sie dir, mein Gott,
mit der ganzen Liebe meines Herzens,
weil ich dich liebe
und weil diese Liebe mich treibt, mich dir hinzugeben,
mich in deine Hände zu legen, ohne Maß,
mit einem grenzenlosen Vertrauen;
denn du bist mein Vater.

Charles de Foucauld

Gebete und Texte

Gott ist wunderbar

Du bist ein wunderbarer, liebevoller Gott.
Du regierst uns wunderbar und freundlich.
Du erhöhst uns, wenn du uns erniedrigst.

Du machst uns gerecht, wenn du uns zu Sündern machst.
Du führst uns gen Himmel, wenn du uns in die Hölle stößt.
Du gibst uns den Sieg, wenn du uns unterliegen läßt.

Du tröstest uns, wenn du uns trauern läßt.
Du machst uns fröhlich, wenn du uns heulen läßt.
Du machst uns singen, wenn du uns weinen läßt.

Du machst uns stark, wenn wir leiden.
Du machst uns weise, wenn du uns zum Narren machst.
Du machst uns reich, wenn du uns Armut schickst.
Du machst uns zu Herren, wenn du uns dienen läßt.

Martin Luther

Jesus

Jesus,
nicht von oben herab zwingt deine Liebe
den Menschen Gemeinschaft auf.
Jesus,
Stufe für Stufe steigst du hinab zum Menschen,
füllst die Schale mit Wasser,
den Dreck wegzunehmen,
der an den Füßen haftet.
Jesus,
du kennst die Wege, die Menschen gehen,
die Irrwege und Umwege,
die Trampelpfade, Sehnsuchtsstraßen,
die vergeblichen, und die, die Ziele finden,
die sauberen und schmutzigen,
die nach oben und nach unten.
Jesus,
du bist dir nicht zu schade, dich niederzubeugen,
dich schmutzig zu machen, dich hinzugeben für die Menschen.
Jesus,
Stufe für Stufe steigst du zu uns,
füllst die Schale mit Wasser, die reinigt und heilt,
gibst den Becher deiner Liebe; damit wir sie erkennen,
die Schwestern und Brüder,
und mit ihnen den Weg gehen, der du bist,
Jesus, zu dir!

P. Alexander Holzbach

In all meinen Gedanken

In all meinen Gedanken bin ich, Herr, bei dir
und war noch nie so sehr bei mir selbst.
Ich habe mein Herz an dich verloren
und mich selbst dabei gefunden.
Ich bin ganz und gar an dich gebunden
und genieße diese grenzenlose Freiheit.
Alles hast du bei mir in Bewegung gebracht,
so daß ich endlich zur Ruhe gekommen bin.
Wie kann ich so geborgen und aufgehoben sein,
wo ich mich doch so vorbehaltlos ausgeliefert
und geöffnet habe?

Warum werde ich immer reicher,
je mehr ich Dir von mir schenke,
und bin bei all meinem Geben immer selbst der Beschenkte?
Ich wende mich dir zu
und werde dabei auf andere Menschen aufmerksam;
für dich will ich leben und erfahre,
wie mein Leben gerade darin für andere wertvoll wird.

Je mehr ich dich verstehe,
desto weniger meine ich, dich schon zu kennen;
und je mehr ich von dir erfahre,
desto gespannter bin ich auf dich.
Je vertrauter du mir wirst,
desto größeren Respekt empfinde ich vor dir;
und bei allem Enträtseln
wirst du mir immer mehr zum Geheimnis.

Ich glaube, Herr,
daß ich in dieser Zeit der schönsten Widersprüche
zuletzt erfahren habe, was die „erste Liebe" ist.

aus: Hans-Joachim Eckstein,
   Du liebst mich, also bin ich, Hänssler-Verlag

Herr, segne dein Wort an mir

Herr, segne dein Wort an mir,
daß es mich nicht ärgert,
wenn es mich trifft;
daß es mich nicht freut,
wenn es den anderen trifft;
daß es mich nicht langweilt,
wenn es zum anderen redet;
daß ich es nicht überhöre,
wenn es zu mir redet.
Amen.

Herr, gib mir ein Herz, das an dich denkt

Herr, gib mir ein Herz, das an dich denkt,
eine Seele, die dich liebt,
einen Geist, der dich bewundert,
einen Verstand, der dich begreift,
eine Vernunft, die sich nach dir richtet
und die Weisheit der Liebe, die weise liebt.
Amen.
Augustinus

Heil werden

Herr, unser Leiden
ist unsere Unfähigkeit zum Leiden.
Heile uns von dem Leiden,
nicht leiden zu können.

Herr, unsere Armut,
ist unser Hängen am Reichtum.
Heile uns von dem Reichtum,
der unser Herz arm macht.

Herr, unsere Schwachheit
ist unser Mißbrauch der Kraft.
Heile uns von der Kraft,
die unsere Schwäche ist.

Herr, unsere Einsamkeit
ist unser Mangel an Vertrauen.
Heile uns vom Mißtrauen,
das uns einsam sein läßt.

Peter Thomas

Schriftlesung und Sündenbekenntnis (Jesaja 53,2–7)

Er schoß auf vor ihm wie ein Reis und wie eine Wurzel aus dürrem Erdreich. Er hatte keine Gestalt und Hoheit. Wir sahen ihn, aber da war keine Gestalt, die uns gefallen hätte.

Herr, wir suchen das, was Gestalt hat. Wir wollen groß und mächtig sein, und wir verachten oft die Hilflosen und Schwachen. Wir gehen immer wieder nur nach dem Äußerlichen. Wir verachten oft Menschen, die keine Gestalt haben, und dabei verachten wir dich. Herr, erbarme dich!

Er war der Allerverachtetste und Unwerteste, voller Schmerzen und Krankheit. Er war so verachtet, daß man das Angesicht vor ihm verbarg; darum haben wir ihn für nichts geachtet.
Fürwahr, er trug unsere Krankheit und lud auf sich unsere Schmerzen. Wir aber hielten ihn für den, der geplagt und von Gott zerschlagen und gemartert wäre.

Herr Jesus Christus, du trugst Leiden und Krankheit; du trägst uns in unserer Schwachheit und Krankheit. Aber wir sind nicht bereit zu tragen.

Wir wollen lieber herrschen.

Du hast gelitten, aber wir scheuen das Leid. Wir wollen ein angenehmes Leben ohne Hindernisse und wehren uns dagegen, auch einmal den unbequemen Weg zu gehen. Herr, erbarme dich!

Aber er ist um unserer Missetat willen verwundet und um unserer Sünde willen zerschlagen. Die Strafe liegt auf ihm, auf daß wir Frieden hätten, und durch seine Wunden sind wir geheilt.
Wir gingen alle in die Irre wie Schafe, ein jeder sah auf seinen Weg. Aber der Herr warf aller Sünde auf ihn.
Als er gemartert ward, litt er doch willig und tat seinen Mund nicht auf, wie ein Lamm, das zur Schlachtbank geführt wird; und wie ein Schaf, das verstummt vor seinem Scherer, tat er seinen Mund nicht auf.

Herr, wir bekennen dir, daß wir trotzdem oft nur unseren eigenen Weg im Kopf haben. Wir kümmern uns nicht um unseren Nächsten, und wir fragen nicht nach dir. Du nahmst unsere Sünde auf dich und bist für uns gestorben, aber wir leben oft so, als wäre das nie geschehen. Herr, erbarme dich!

Amen.

Gott, ich möchte beten

Gott,
ich möchte beten,
die Gedanken sammeln,
die Gefühle,
ich möchte an dich denken,
deine Nähe erfahren,
deine Gegenwart.

Du weißt,
wie schwer das für mich ist.
Meine Gedanken sind zerstreut
bei tausend Dingen,
nur nicht bei dir;
und dann meine ich,
der Weg zu dir sei weit,
dann meine ich,
du seiest weit entfernt.

Gott,
für mich ist es schwer,
an dich zu denken,
zu dir zu kommen,
in deine Nähe –
darum komme du
und liebe mich
so wie ich bin.

aus: Josef Osterwalder, Stille, die spricht, Mainz

Dein Wille

Vater,
um deinen Willen bitte ich, nicht um den meinen –
um dein Reich, nicht um meine Macht –
um unser Brot, nicht um das meine –
und um das Wunder, daß ich verzeihe.

aus: Josef Osterwalder, Stille, die spricht, Mainz

Gott ist mächtig

Komme, was mag!
Gott ist mächtig!
Wenn unsere Tage verdunkelt sind
und unsere Nächte finsterer als tausend Mitternächte,
so wollen wir stets daran denken,
daß es in der Welt eine große, segnende Kraft gibt,
die Gott heißt.
Gott kann Wege aus der Ausweglosigkeit weisen.
Er will das dunkle Gestern
in ein helles Morgen verwandeln –
zuletzt in den leuchtenden Morgen der Ewigkeit.

Martin Luther King

Friedensgebet

O Herr, mache mich zum Werkzeug deines Friedens:
Daß ich Liebe übe, wo man sich haßt,
daß ich verzeihe, wo man sich beleidigt,
daß ich verbinde, da wo Streit ist,
daß ich die Wahrheit sage, wo der Irrtum herrscht,
daß ich Glauben bringe, wo der Zweifel drückt,
daß ich Hoffnung wecke, wo Verzweiflung quält,
daß ich ein Licht anzünde, wo die Finsternis regiert,
daß ich Freude mache, wo der Kummer wohnt.

Ach, Herr, laß mich trachten,
nicht, daß ich getröstet werde,
sondern daß ich tröste;
nicht, daß ich verstanden werde,
sondern daß ich verstehe;
nicht, daß ich geliebt werde,
sondern daß ich liebe.

Denn wer da hingibt, der empfängt;
wer sich selbst vergißt, der findet;
wer verzeiht, dem wird verziehen,
und wer da stirbt, der erwacht zum ewigen Leben.

Friedensgebet des Franz von Assisi

Vertrauensgebete:

Am Morgen Du.

Denn Du leitest mich nach Deinem Rat.
Wenn ich Angst vor dem neuen Tag spüre,
im Herzen Mißtrauen spüre.
Dennoch Du, denn Du tröstest mich mit Deinem Rat.
Wenn ich die Bemerkungen meiner Kollegen fürchte
und die Früchte ihrer üblen Gerüchte.
Dennoch Du, denn Du schützt mich und stärkst meinen Rücken.
Wenn ich meine Aufgabe aufgeben will,
ohne Perspektive bin, ohne Ziel.
Dennoch Du, denn Du läßt mich in der Spannung das Leben finden.
Du – mein Schöpfer, mein Retter, mein Tröster –
wenn ich nur Dich habe!

Am Mittag Du.

Denn Du hältst mich fest bei meiner rechten Hand.
Wenn Anfechtung bedrängt und Vertrauen verrenkt, dennoch Du.
Wenn Führung zu schwer, dringend Einsicht begehr, dennoch Du.
Wenn ich ins Vergleichen abrutschen will
und es dunkel in mir werden will.
Dennoch Du,
denn Du hältst mich in Deiner starken Hand.
Wenn andere mich nicht mehr wollen und Mitarbeiter grollen,
dennoch Du.
Wenn Dienen mir vergeblich scheint, mein Herz vor Kummer weint,
dennoch Du.
Wenn Streß und Frust mir den Auftrag vernebeln,
manche Enttäuschungen meine Seele knebeln,
dennoch Du.
Wenn Worte unterkühlt sind und sich kaum ein Lächeln findet.
Dennoch Du, denn Du hältst mich.
Deine Liebe zögert nicht zu lieben.
Wenn Einer mir gut ist,
dann Du, denn Du setzt Dein Leben für mich ein.
Du – mein bist Du, mein Schöpfer, mein Retter, mein Tröster –
wenn ich nur Dich habe!

Am Abend Du.

Denn Du nimmst mich am Ende in deine Herrlichkeit auf.
Wenn meine Sünde mich rammt, mein Herz mich verdammt,
dennoch Du.
Wenn ich im Clinch mit mir liege, mich fallengelassen fühle,
dennoch Du.
Wenn ich nicht mehr glauben kann
und mich Zweifel zieht in seinen Bann.
Dennoch Du, denn Du ziehst mich zu Dir.
Deine Nähe läßt meinen Glauben grünen.

Wenn ich mein Leben nach Gelingen befrage
und viel Versäumtes in mir trage,
dennoch Du.
Wenn Vergangenes sein Spiel mit mir treibt
und nichts als Versagen bleibt.
Dennoch Du,
denn Du hast mir den Staub von den Füßen gewaschen.
Du hast meine Schultern von der Last entlassen.
Du – mein bist Du, mein Schöpfer, mein Retter, mein Tröster –
wenn ich nur Dich habe!

aus: Volker Steinhoff, Dennoch Du, Brendow-Verlag

Jesus,

halte mich fest,
wenn meine Hände dich loslassen wollen
und ich jeden Halt verliere
und mein Leben
ins Nichts fällt.
Jesus, halte mich fest!

Jesus, bleib bei mir,
wenn meine Füße
von dir weglaufen wollen
und ich das Ziel verliere
und mein Leben
ausweglos wird.
Jesus, halte mich fest!

Jesus, schau auf mich,
wenn meine Augen
sich verführen lassen
und ich jeden Blick verliere
und meine Sehnsucht
mich verführt.
Jesus, schau auf mich!

Hermann Traub

EC-Bekenntnis- und Weihestunde

Im Folgenden ist eine Möglichkeit dargestellt, wie eine EC-Bekenntnis- und Weihestunde gestaltet werden kann. Die einzelnen Elemente können beliebig gestaltet werden.

· gemeinsames Lied
· Begrüßung und Besinnung auf den Sinn der Weihestunde

Die Gemeinschaft mit Jesus Christus soll vertieft werden.
Die Gemeinschaft untereinander soll gefördert werden.
Die Dienstgemeinschaft soll erneuert werden.

- Grüße und Entschuldigungen der abwesenden Mitglieder
- Bibelwort
- mehrere gemeinsame Lob- und Anbetungslieder
- Verkündigung
- gemeinsames Lied
- Persönliche Gebetsstille
- Austauschrunde
    Was bewegt mich momentan?
    Was habe ich mit Gott erlebt?
    Was bereitet mir Schwierigkeiten?
- Gebetsgemeinschaft und konkrete Fürbitte füreinander
- Zuspruch aus der Bibel
- gemeinsames Lied
- Gemeinsames Sprechen des EC-Mitarbeiterbekenntnisses
- Sendungswort und Segen
- gemeinsames Lied

Folgen

Zum Christival 1996 erblickte das Musical „Folgen" das Licht der Welt. Sechszehn Lieder nach Texten aus dem Lukas-Evangelium knüpfen Verbindungen in unsere Zeit und sind in diesem Liederbuch enthalten.

Titelfolge	Bibeltext	Buchnummer
Du kommst	Lukas 1,46–55	60
Eine Nacht wie jede andere	Lukas 2,1–20	64
Gott greift ein	Lukas 4,16–22	89
Levi	Lukas 5,17–32	175
Folgen	Lukas 9,23.24	77
Hilfe	Lukas 5,17–26	121
Wie ein Weizenfeld	Lukas 8,4–15	248
Christus	Lukas 9,18–20	23
Barmherzigkeit	Lukas 10,25–37	13
Wer Jesus folgt	Lukas 9,23–25.27–62; 14,25–33; 18,28–30	247
Reich	Lukas 12,13–21; 18,18–23	200
Hoffnung	Lukas 12,54–56; 21,7–36	122
Gefunden	Lukas 15,1–32	84
Schuldlos schuldig	Lukas 23,26–49	204
Jesus lebt	Lukas 24,1–12.36–48	152
Ins Tal	Lukas 24,13–35	145